The Science of Living

阿德勒
心理學講義

Alfred Adler

自由學習006

阿德勒心理學講義

作　　者　阿德勒（Alfred Adler）
譯　　者　吳書榆
裝幀設計　廖韡
排　　版　菩薩蠻數位文化有限公司
責任編輯　林昀彤
行銷業務　劉順眾、顏宏紋、李君宜
總 編 輯　林博華
發 行 人　凃玉雲
出　　版　經濟新潮社
104 台北市民生東路二段 141 號 5 樓
電話：(02)2500-7696　傳真：(02)2500-1955
經濟新潮社部落格：http://ecocite.pixnet.net
發　　行　英屬蓋曼群島商家庭傳媒股份有限公司城邦分公司
台北市中山區民生東路二段 141 號 11 樓
客服服務專線：02-25007718；25007719
24 小時傳真專線：02-25001990；25001991
服務時間：週一至週五上午 09:30-12:00；下午 13:30-17:00
劃撥帳號：19863813；戶名：書虫股份有限公司
讀者服務信箱：service@readingclub.com.tw

香港發行所　城邦（香港）出版集團有限公司
香港灣仔駱克道 193 號東超商業中心 1 樓
電話：852-25086231　傳真：852-25789337
E-mail: hkcite@biznetvigator.com

馬新發行所　城邦（馬新）出版集團 Cite (M) Sdn Bhd
41, Jalan Radin Anum, Bandar Baru Sri Petaling,
57000 Kuala Lumpur, Malaysia.
電話：(603) 90578822　傳真：(603) 90576622
E-mail: cite@cite.com.my

初版一刷　2015 年 05 月 05 日
初版 72 刷　2023 年 06 月 27 日

ISBN：978-986-6031-68-7

售價：340元

子曰：「仁遠乎哉？我欲仁，斯仁至矣。」
只要我們願意走在人生的正途上，沒有做不到的事。

Contents

阿德勒心理學講義　目錄

活出人生意義所需的常識

曾端真　國立臺北教育大學心理與諮商學系教授

阿德勒（一八三〇～一九三七）創始個體心理學，是影響後世甚鉅的心理學家、心理治療大師，及兒童教育家。個體心理學立足於關懷人類福祉，目標在於促進人們的社會適應。阿德勒主張社會情懷是心理健康的指標，強調人與人之間的平等與合作。尤其在他的時代便呼籲兩性平等，是第一位重視女性主義的心理學家，可見其學說的前瞻性，無怪乎至今阿德勒的論述歷久彌新。

阿德勒致力於倡導和人生直接相關的心理學，也就是生活的心理學，正如本譯作的原著書名*The Science of Living*（最早於一九二七年出版）所揭櫫的意涵。他教導我們生活「常識」，幫助人們了解自己的人生目標，並活出生命的意義。有一次在他的心理學演說之後，被問道：「你所說的只不過是一些常識而已。」阿德勒回應說：「常識有什麼不好？」

個體心理學包含哪些常識呢？

貫穿個體心理學的核心概念是「社會情懷」，是一種「你我共處」的情懷，相對於「你我為敵」。阿德勒說人與大自然相較，和其他動物相比，處於相對的弱勢，因此人類必須能夠合作共處才能生存。身而為人都要準備好面對與人共處，積極地投入社會，貢獻己力。人生的意義不在於擁有什麼，而是貢獻什麼。不快樂的人，便是只希望擁有，而少有行動力去付出的人。置之於各種人際情境，我們不難發現，有給才有得之道理。阿德勒談婚姻關係時，說幸福的關係在於合作，並且要重視配偶的感覺甚於自己的感覺。

阿德勒教我們認識行為的目的性。人們心中設定著所欲追求的目標，終其一生都奮力地朝著這個目標在前進，唯不被個體的意識所覺察。對個體而言，這個目標是他所相信的最佳以及內心最珍視的生存之道。他認為人是未來導向的，朝著目標在前進，而不是受到過去的經驗所操縱。阿德勒非常反對宿命論的觀點，強調人具有自主創造的力量，人不會受到過去經驗的宰制。阿德勒心理學主張「軟性決定論」，即過去之於人，乃在於個體如何知覺該經驗，以及決定如何運用該經驗。關於遺傳，阿德勒說人生的重點並不在於一個人遺傳了什麼，而是他如何處理他的傳承。

人們在追求所設定的目標時，有其獨特的律動，彷彿在跳著一首自創的人生旋律。阿德勒心理學主要的內涵便是在辨識人們如何設定他的目標，以及追求目標的律動模式。找出牽動個體行為的人生目標，便能理解隱藏在行為背後的含意。當人們理解自己行為背後的目的或行為的理由，才能改變行為。若不了解行為背後的目的，治療便只是揚湯止沸。阿德勒說症狀本身是無法處理的，治療師的工作在於幫助案主洞察其行為目的，當案主改變目標，行為就跟著不一樣了。

目標是如何設定的呢？阿德勒所創的早期記憶是阿德勒心理學最精彩、最令人好奇、最被其他學派所沿用的概念。早期記憶是從生命脈絡來探尋人生原型中的本質，「故事即人生」是阿德勒的名言，他說每個人在幼年（五歲左右）便發展出一個關於自己的故事，稱之為人生原型，爾後發展成較為定型的人生風格，相當於我們所常說的人格。前者有如初長的青澀果實，後者則為成熟的果實，當人生的原型成形時，其人生目標、個人的發展方向與行為模式從此確立。

基於幼年時期認知不成熟，加上生理上的弱勢，在其主觀的知覺中，必然會有自卑感，因而所建構的人生原型總是朝著克服自卑或補償自卑的方向。在人生風格型塑過程，個體容易因為自卑情結而建構出過度補償的虛構目標。阿德勒說自卑感是人向上發展的動力，而自卑情結則會讓人建構出「猶豫不決」的人生風格，凡事都以「是的——但是」來回應，以便滿足其虛構目標的優越假象。他們害怕失敗，寧可躲在舒適圈中，用白日夢來滿足優越感的假象。

手足關係的論點也是阿德勒心理學的一絕。每個孩子都希望占據家庭星座中最耀眼的位子——太陽，他們無不竭盡所能的吸引父母的目光。他們對於自己手足地位的覺知，以及所創造出來的爭取模式，將是其人生原型的材料。

人生有三大任務：友誼、工作與親密關係，家庭必須幫助孩子預備好迎接人生的任務。阿德勒提出有器官缺陷、被寵、被疏於照顧的孩子，是形成錯誤人生原型的高危險群。這樣的孩子沒有為適應新環境而作好準備，他們的人生風格中缺乏勇氣，不足以因應人生的挑戰。

對孩子而言，學校是具挑戰性的環境，孩子需面對課業、同儕關係的新任務，所以在學校更容易顯現其錯誤的人生風格。

阿德勒對於家庭與學校教育的論述，至今仍是主流。他說當父母無能力幫孩子時，教師應該扮演「遲來的母親」。阿德勒認為教師必須懂得人生風格的道理，才能敏於覺察兒童的錯誤，把握修正的最佳時機。學校不應指責或處罰學生，應該致力協助兒童了解自己的行為目的，並引導他們改變目標與行為。他在維也納設置兒童輔導中心，也在演講時現場示範家庭會談，是後世訓練模式的濫觴。

阿德勒學派心理治療依據其人性觀，從案主的器官缺陷狀況、早期記憶、手足關係、夢、社會文化環境等多元層面的故事，分析案主的人生風格、律動的旋律、自卑情結與優越情結，幫助案主洞察，重新建構故事，與調整人生風格。

本書含括了阿德勒心理學的主要概念，是喜歡此學派的重要入門書。阿德勒所談的都是發生在你我生活經驗中的故事，表面上看似淺顯，但是讀者務必要細嚼慢嚥，因為阿德勒所談的道理需要細細深思。若想一口氣看完它，必定會消化不良，無法吸收阿德勒學說的精髓，甚至於有看不懂的挫折。我個人跟隨 Henry Stein（Institute of Classical Adlerian Depth Psychotherapy）學習阿德勒心理治療時，學習歷程體會最深的是「慢」

的功夫，對著原文書一字一句的咀嚼思索，不只是知識的獲得，更是心靈的感動。

我是阿德勒學派的愛好者，無論在教學上、心理治療實務上、親職教育工作上以及生活中，在在受惠於這個學派。很敬佩城邦文化事業的卓見，出版阿德勒心理學的譯作，讓阿德勒所倡導的常識得以豐富讀者的生命意義。

阿德勒心理學，幫我們拿回創造人生的鑰匙

許皓宜　諮商心理師

在心理學的理論研讀中，崇尚人類深度心理探索如我們，對於人們童年記憶的了解總有一種渴望，我們知道年幼經驗對於人格塑造的重要性，但在從事助人工作或自我療癒的過程中，卻又免不了被一股聲音所惑：理解人、理解自己的黑暗與過去後，我們又能做些什麼呢？

對我而言，這正是阿德勒心理學讓人感到最受滋養的地方：他從不避諱談論人性中最為不堪的部分，他總是正面迎接所有天生的缺陷與成長的挫敗，他把這些「不美好」當成人生的資產，告訴我們「面對脆弱的自己」是為了迎向在生命路上勇敢前行的希望與力量。

是的，這就是我認識的阿德勒。

第一次認識阿德勒這個心理學家，是我進入諮商領域就讀的第一年，我被分派的第一份作業就是阿德勒理論的探討，而我接受這份分派的原因則是：阿德勒的書單比較少，概念似乎「比較精簡」?!

然而，當我沉浸到這位心理學大師的成長背景和理論之後，阿德勒概念中那五個閃亮的大字「自卑與超越」便深深地鑲進了我的內心深處。我認為這並不是在宣揚一種正向的思考方式，而是鼓勵人深入自己的內在，去省思心理上所感知到的自我缺陷如何啟動「人」這個系統去主動創造「自己」生命的故事。阿德勒童年的體弱和手足的過世，都讓這些經典思想早早就在他心裡萌芽。更不容易的是，他從未放棄「社會性因素」與「個人」本身的交互作用：他以「家庭排行」的概念讓我們看到家庭與人的關係，「社會興趣」的概念讓我們理解：保持與人的關係如何幫助我們產生無所畏懼的勇氣……

而這些經典深刻的心理學概念，都在《阿德勒心理學講義》這本書中被重新呈現與剖析。然而，這樣的一本書卻不生澀難懂，而是用豐富的臨床故事舉例，一步步地帶我們理解「生而為人」可能面臨的困境與為難，然後在阿德勒「勇氣」與「豁達」的加持下，我們終將發現，所有複雜的人生問題：不管是讓父母師長困擾不已的孩子、讓成年人常感煩惱的人際關係、讓夫妻可能失和的性議題……只要有心，我們手上都握有足以改變生活的主動性！

是的，人生，似乎就是這麼簡單而已。

阿德勒的著作精簡，概念相當具有邏輯與系統。然而，對我這個既為行業內的「諮商心理人」、又生而為世界上滄海一粟之「人」者，這些鑲在心裡閃閃發亮的心理學概念，已足夠讓我用許多年的時間和經驗來體會。正如同我年輕時閱讀阿德勒，將其視為一種「技巧」；從事諮商工作多年後，我開始將阿德勒的心理學，視為一種「生命態度」。

咀嚼，體會，實踐。在《阿德勒心理學講義》中，祝福我們都能重新拿回創造人生的鑰匙。

認識阿德勒，獲得改變的勇氣

蘇絢慧　諮商心理師‧作家

阿德勒的學說，近日在台灣出版非常多相關的著作，其中有許多是由後代哲學家或是心理學家所詮釋出的阿德勒學派心理學。阿德勒的學說，又名「個體心理學」，著重在探討一個人早年生活的原型，如何影響他後續生命的走向及發展。如果要閱讀阿德勒，進而研究阿德勒學說，本書就顯得相當重要，這不僅是出自阿德勒的心理學講義，更是所有後代詮釋者的觀點來源。

阿德勒學說有非常多精闢且適合現代人了解的觀點。其中最受人知曉的，是對「超越自卑」的論述。然而，阿德勒認為，超越自卑並非是過度誇張追求優越感，這樣的追求，易演變為愛炫耀，而愛炫耀的人的原因，正是覺得自卑。他們覺得自己不夠強大，無法在生命有益的面向上和他人一較高下。因為這個理由，他們只能一直停留在無用的面向上。（本書79頁）這種虛偽的成就感彌補了他無法承受的自卑。

幾乎所有人，都有想超越自卑的驅力，不斷努力往優越情結目標邁進的傾向。人們之所以努力追求優越，是因為每個人都有想成功的企圖心。只要一切努力是為了追求有用（有功能）的事物，我們的價值觀就不會偏差。阿德勒認為人在克服自卑過程中，在乎自己之餘如果也能關心他人，終能圓滿解決生命中的問題。而生命的問題之所以無法順利解決，在阿德勒看來，是由於社會興趣不足，也就是關懷社會的情懷過少，停留在自己的注意力過多，而無法形成同屬一體感（也就是失去社群連結）。如此情況下，個體的心理及生活都會停留無益面向。他們發難及訴苦的目的並非真實克服問題，而是要別人拉他們一把好生存下去。他們讓自己異於常人地利用自身的弱點（其實是恃弱而強），以控制他人滿足自身的需求。所以，若不好好探究自己的自卑情結，也就無法好好洞察自己的優越情結。而其實一個穩健的人，他不需要追求優越，也不需要優越感，不需透過這些追求，彌補自己內心的自慚形穢。他仍能夠好好穩穩的成為自己，這才是健康的生命。

而自卑情結或優越情結，都必須從一個人的人格原型及人生風格探究。阿德勒因此強調早期記憶探索的重要。因為早期記憶（特別是四、五歲之時）是個體形成人格的原型，也形成了人生風格。人生風格會形成了一個人認識世界、知覺他人，及知覺自己的視框，然後個體會活出符合「人生風格」的生命版本。如果沒有探索早年記憶，就無法了解到個體的生活何以是如此展現。而探索早期記憶，必定與家庭經驗有關，所以阿德勒學說對於了解家庭的問題、家庭動力、家庭排行，對孩子的影響等方面的理論，也十分扎實、豐厚。

這本《阿德勒心理學講義》絕對是想要了解阿德勒理論學說的人，必讀的經典。當你想要認識一個心理學大師，有什麼比直接讀他的著作，更讓人了解他的思維觀點、視野角度，及論述脈絡呢？

阿德勒學說，也因強調激勵及鼓舞生命的重要，讓個體有勇氣為實現自我付出行動，並執行在有益的面向上，因此被稱為「勇氣心理學」。如果你需要激勵自己有改變的勇氣，也深知自己渴望做一個真實且自己喜歡的人，那麼從拿起這一本書開始，就是勇氣的開始。這不僅是為生命做一次完整的了解，也是在了解任何年齡、任何世代的人類問題，所開始進行的有益關注及停留。

被佛洛伊德討厭的勇氣

洪仲清　臨床心理師

最近心理學大師阿德勒（Alfred Adler）的思想，在台灣這一年來受到相當熱烈的矚目。這現象實在讓我覺得有趣，特別是因為阿德勒本人的人格相當吸引我，是我個人在心理學方面的偶像。

他在一九一一年提出與佛洛伊德不同的見解，強調社會因素在心理病理上的重要影響，不完全認同佛洛伊德所推崇的性心理發展的早期決定論。這讓阿德勒與佛洛伊德的關係陷入決裂，並自立門戶——個體心理學。

阿德勒幼年體弱多病，多次與死神拔河，求學時曾因為學校表現不佳，被老師評為最多只能成為鞋匠。但阿德勒活出了他自己的理論，甚至在他的理論形成之前，他不斷努力，最後進入維也納大學主修醫學，對心理病理有相當大的興趣。

阿德勒非常關心社會人群，也在心理學史上，首次用現場示範的方式，讓所有觀眾學習如何把專業知識應用在處理親子問題上。他創立超過三十所兒童輔導診療所，持續訓練許多教育與醫療專業人員，馬不停蹄地四處演講，行程滿檔。最後因為沒有接受朋友的建議減少工作量、多休息，在一九三七年趕赴演講途中，心臟衰竭病逝。

這麼重視助人的心理學大師，他活出了自己的超越。他在兒童與家族治療方面的貢獻，讓我們有志於兒童與家庭的臨床工作者，有清楚的楷模與標竿可以依循。

他的理論創見，也被認為帶動社區心理衛生發展，許多心理學大師都受到阿德勒的影響。心理動力、存在人本、認知行為、女性主義治療等方面，都可以看到跟個體心理學相關的連結。

也由於阿德勒致力於教導大眾使用心理學改善自己的生活，或許讓他無暇建構出定義嚴謹與系統分明的完整理論。所以其理論有時被認為較為鬆散與簡單，理論中的許多概念也需要重新經過實徵研究的檢視。

《阿德勒心理學講義》這本書是了解阿德勒思想的重要著作之一，不過，在閱讀的時候，我們得要提醒自己，原文書於一九二七年左右出版，距今已有八十多年之久。少部分內容因為社會時代變遷，以及醫療與心理學的進步，已經需要修正，然而瑕不掩瑜，讀到內容中的金句，依然為之震撼。我想，這是他的思想能歷久彌新的原因。

「任何人都能有任何成就。」

「所謂的優越情結，不過是一個落在人生無用空虛面向上的目標，導致人們因虛假的成就感而沾沾自喜。」

「很少有人能在步入家庭之前做好適當準備……那是因為人們一直沒有學會用另一半的眼睛去看、用另一半的耳朵去聽，以及用另一半的心去感受。」

「兩人都想被寵，卻沒有人要扮演寵愛對方的角色。這就好比他們站在彼此面前，期待對方『給予』，但兩人都給不起。兩人都覺得對方不了解自己。」

阿德勒取向的應用範圍很廣，討論的議題非常生活化，也給予實務工作者很大的自由度。他的思想超越他那個時代，希望幫助當事人檢視自己的生活型態，找到自己失去的勇氣，充分融入社會。

作為一位理論家、實務者，以及作為一個人，阿德勒並沒有限制自己，要依照誰的期待而活，包括對他影響深遠的佛洛伊德。他活得如此精采與自由，儘管他被人討厭，也無畏無懼。

如此人物，如此寓意深遠的思想，值得我們藉著這本書，多親近與了解。然後，我們便可能實現阿德勒的初衷，用他的思想來裨益我們的生活。

The Science of Living

阿德勒
心理學講義

第一講 生活的科學

The Science of Living

一覽阿德勒個體心理學的精華所在。

1

美國偉大的哲學家威廉・詹姆士（William James）曾經說過：「唯有和人生直接相關的科學，才是真正的科學。」這句話或許也能這樣解釋：「在一門和人生直接相關的科學裡，理論和實作幾乎密可不分。」由於人生的科學（science of life）是透過生活脈動型塑而成的，因此又稱為生活的科學（science of living）。上述觀點相當適用於個體心理學（Individual Psychology）這門學問。個體心理學將每一個活生生的個體，都視為一個統合的整體；把人的每一個反應、每一項行動與衝動，都視為互相連結的環節，亦即個人生活態度的一部分。這門學問是以實際需求為導向，因為了解個體心理學，有助於修正、改變我們的態度。從這個角度來看，個體心理學蘊含著**預言**的雙重意涵：除了預知未來會發生何事，還能像先知約拿（Prophet Jonah）[1]一樣，預先警告未來**將會**發生的災禍，好讓我們設法**避免**。

個體心理學的發展，出於學者努力理解一股神祕的人生創造力；在人們渴望發展、奮鬥與達成目標時，這股力量就會顯現出來。這種創造力甚至可以藉由追求A面向的成就，來彌補B面向的挫敗。這股力量奠基於「目標」之上，會在人們為了追求目標而努力的過程中湧現；而且，在追求目標的時候，人的身體與心理必須合而為一、同心協力。因此，不考慮個人整體，而將身體行動與心理狀態分開研究，何其荒謬。舉例來說，在犯罪心理學的領域，我們往往比較關注犯行，而非罪犯本身。這其實相當不合理。事實上，最重要的是罪犯，而非犯行。況且，除非我們能把犯罪行為視為罪犯人生中的某個片段，不然就算再怎麼縝密地分析行為本身，也無法了解其背後的真義。同理可證，同一種行為，在某種情況下是犯罪，但在另一種情況下卻可能合法。因此最重要的是了解一個人的生命脈絡，找出牽動此人所有行為的人生目標是什麼；等到掌握目標後，我們才能理解隱藏在個別行為背後的含意，把這些看似獨立的行為都視為整體的一部分；換言之，當我們研究「部分」時（前提是要把它當成整體的一部分），便能更了

1 譯註：依照《聖經》記載，上帝要約拿前往尼尼微城，告知當地人民由於他們惡性重大，上帝將要毀滅他們。尼尼微的國王聽到預言之後，便和人民一起洗心革面，最後終能免於被毀滅的命運。

解「整體」。

以我本人來說，我對心理學的興趣源自於行醫。行醫讓我明瞭目的論（又稱目標論）的觀點。如果想了解心理事實，目的論是不可或缺的。在醫學界，所有的器官都有明確的目標，並朝著該目標努力發展，等發展到一定的型態，就代表這些器官已發育成熟。此外，當器官出現缺陷時，自然會採取特別的方式來克服缺憾，或者改由其他器官承擔缺損器官的功能。生命總會設法延續下去，而且在面對外來阻礙時，生命的力量絕不會還沒掙扎就先高舉白旗。

人類心理層面的活動也和生命的功能面向類似。每一個人心裡都有一個類似目標或理想的概念，一心想要超越現狀，並透過訂出具體的未來方向，來克服目前的缺憾和困難。透過這個具體目標，人們得以想像未來成功的樣貌，進而感受並認定自己必能超越當下的困境。要是感受不到目標，個人的所作所為只是行禮如儀，毫無意義可言。

所有證據都指出，人必然早在童年時期就確立了人生目標（而且是具體明確的目標）。成熟人格的人生原型（prototype）或典範（model），也在這個時期開始發展。請各位讀者試想一下，有個體弱多病的小孩很自卑，發現自己根本無力掌控所處的環境，因此努力成長茁壯，朝著他為自己選定的目標努力發展。在這個階段，對於個體的發展來說，比起物質條件，決定方向的目標更為重要。至於「人到底是如何確立人生目標的？」絕非三言兩語可以道盡，但人生的目標絕對存在，並主宰著孩子的一舉一動。很少有人在孩提時就懂得何謂力量、衝動、理由、能力、失能……然而，懂不懂其實並非重點，孩子無論如何都會先確立好人生目標，再確立發展方向；只有當我們看出某個人生命發展的方向時，才能預測此人未來的走向。

當人生的原型（即懷有具體人生目標的早期人格）成形時，一個人的發展方向與行為模式從此確定。因此，我們才能預測他未來的人生。等到人的統覺系統（scheme of apperception）也成形之後，人生的發展方向便成為這套系統的框架範圍。孩子無法靠著認知去理解實際情境，惟能憑藉個人的統覺系統去感受；也就是說，未來的他將會根據自己的興趣去認知情境。

我們也在這樣的關係中發現了一件很有意思的事：小孩如果有任何器官出現缺損，就會把缺損器官的功能與所有經驗連結起來。舉例來說，腸胃有問題的孩子對吃特別有興趣，視力不好的孩子則容易對視覺性的事物入迷。稍早前提過，這套統覺系統決定了我們的人格特質，而人所專注的特定面向正好和這套系統一致。或許有人會依此推論，若要找出一個孩子的興趣何在，只需要確認他哪一個器官有問題即可。但事情可沒那麼簡單。孩子體驗到的器官機能缺損，並不如外人眼中所見，而是透過他們自己的統覺系統修飾詮釋。所以說，雖然器官功能的弱勢是兒童統覺系統中的一個重要因素，但外人觀察到的弱勢不見得能當作一窺個體統覺系統的線索。

孩子跟大人同樣都處在相對的世界裡：沒有人知道何謂絕對的事實。就算是科學，也沒有絕對的事實。科學是以常識為基礎，因此科學會不斷改變、進步，並樂於接受以小錯汰換原有的大錯。只要是人都會犯錯，最要緊的是有錯就要修正。在人生原型逐漸成形時就加以修正，最快也最好。要是錯失了最佳時機，之後才想亡羊補牢的話，就很有可能必須完整重現犯錯當時的情境。因此，我們在治療精神官能症病患時，問題的癥結不是患者後來（即就診之時）犯下了哪些尋常錯誤，而是要探究他們小時候建構人生原型時，所犯下的根本錯誤。如果能一一找出這些錯誤，就可以適當的治療並加以修正。

因此，就個體心理學來看，天賦遺傳這個問題就沒那麼重要了。人生的重點並不在於一個人遺傳了什麼，而是他在人生早期階段（即一個人在童年環境中建構人生原型時）如何處理他的傳承。遺傳當然是造成先天性器官缺損的主因，但個體心理學把努力的重點放在如何讓孩子處於有利的情境，幫助他們排解特定的困難。事實上，這套理論為我們帶來很大的優勢，因為當我們發現缺損時，就知道該如何因應。即使是生來健康的孩子，如果成長過程中出了哪些差錯，像是營養不良，日子很有可能比那些有先天性缺陷的孩子更為難過。

至於先天有缺陷的孩子，最該重視的就是他們的心理狀態。這樣的孩子由於處境艱難，顯得過於自卑。在人生原型形成之時，他們對自己的興趣甚於他人，而這種態度通常會延續到日後的人生。因身體功能衍生出的自卑感，並非人在建構人生原型時出錯的唯一原因，其他條件也可能引發同樣的錯誤。比方說，某些孩子自小嬌生慣養或遭人敵視，他們所處的同樣也是不利情境。稍後會更詳細描述這些情境，並提出實際案例來說明三種對孩子特別不利的情境：先天器官缺損、受到寵溺與不被喜愛。現在，讀者只要明白這些孩子是在有缺陷的條件下成長，導致他們永遠學不會獨立，一直很害怕外來的攻擊，便已足夠。

人生的重點並不在於一個人遺傳了什麼，而是他如何處理他的傳承。

It is not what one has inherited that is important, but what one does with his inheritance in the early years.

我們必須了解人很小的時候就會表現出社會興趣（Social Interest，又譯社會情懷），而社會興趣在教育、待人接物與治療方面，都是非常重要的一環。唯有勇敢自信、隨遇而安的人，不論面對順境、逆境或困境，都能從中獲益。他們向來無所畏懼，即使遭遇困難，也知道自己能夠克服。他們已經做好準備面對人生中的種種問題（這些問題必然與人際關係有關）。身而為人，我們大家都要準備好面對社會問題。前一段提到的三種高危險群小孩，所發展出的人生原型都對社會不太感興趣。他們的心態不正確，無法達成人生必要的成就，面對生命困境時也找不出解決方案。他們一直有種挫敗感，因此人生原型會誤導他們以錯誤的態度面對生命的種種問題，其人格的發展也多半偏重在生命無用的面向。所以在治療這類病患時，我們的任務就是要幫助他們培養適當的行為、回歸有用的人生面向，並協助他們養成正確的態度，來面對生活與社會。

對社會不感興趣的人，一定會朝著生命無用的面向發展。舉凡問題兒童、罪犯、精神病患、醉漢等，都是對社會不感興趣的人。面對這些個案時，我們的任務就是找出有效的方法，引導他們回歸有益的生活，進而去關懷他人。就此而言，個體心理學其實可說是一門社會心理學。

除了培養社會興趣之外，個體心理學的第二項任務是：找出一個人在發展過程中，遭遇了哪些問題。這項任務乍看讓人摸不著頭緒，但實際上並不複雜。我們都知道，每一個被寵壞的小孩到最後都會變成惹人厭的小孩。在人類文明中，不論家庭還是社會，都不會希望家長毫無節制地寵溺孩子。小孩一旦被寵壞了，人生很快就會出現問題。等到開始上學之後，他們會發現自己進入了一個全新的社會體系，面對著全然陌生的人際問題。他們並不想與同學一起讀書遊戲，因為以往的經驗沒有告訴他們如何去適應學校的群體生活。事實上，發展人生原型時的經歷，反而會讓他們恐懼起群體生活，轉而尋求家人更多的寵溺。這樣的人格特質與遺傳無關，甚至可說是八竿子打不著，因為我們只要了解他們人生的原型與目標，就能推斷出其個性中不討喜的部分。而這樣的人格特質會讓他們朝自己決定的人生目標前進，要他們改變方向根本不可能。

這門生活科學的下一步是研究人的感受（feelings）。目標所設定的人生方向是縱軸，影響範圍遍及個人特質、肢體律動、表情、顯現於外的一般性表徵，也會支配人的感受。有一點頗為關鍵，只要是人，就一定會透過情緒感受來合理化自己的態度。如果他的目標是好好工作，這種想法就會在他的心中不斷擴大，進而主宰他的情緒世界

（emotional life）。因此，我們可以得出一個結論，那就是一個人的感受，肯定與他對某種目標的觀點一致：感受會強化一個人對目標的喜好程度。然而，就算沒有任何感受，人還是會做該做的事。因為，感受不過是行動的附屬品罷了。

我們可以在夢境的相關研究中，清楚地看出這一點。得知夢的目的為何，可說是個體心理學最新的成就之一[2]。每一個夢都有其目的，只是人們直到最近才明白這個道理。何謂做夢的目的？不用專業術語、以一般人都能懂的語言來解釋的話就是：做夢是為了讓做夢的人體驗到某些感受或情緒的波動，而這些波動回過頭來又會進一步帶動夢境的發展。前人的想法很有趣，認為夢境就是一種欺騙。在夢境中，人會按照自己希望的方式行事。夢境就像一場情緒的彩排，讓人們得以事先排演清醒狀態下的行為計畫與態度，惟這場彩排卻可能永遠無法在當事人清醒時演出。從這個角度來說，夢境確實會騙人，是一種情緒的想像，讓我們毋須真正行動又能體驗到行動的快感。

即便是在我們清醒的時候，也能發現夢境的這種特質。人在情緒上往往會自我欺

2 譯註：本書最早於一九二七年出版。

騙，而且這種傾向非常強烈：我們總想說服自己，遵循著四、五歲時成形的人生原型過日子。

按照個體心理學的順序，接下來要分析的是人生原型。方才提過，人生的原型在四、五歲就已經成形。因此，我們必須找出小孩在那個年紀或更早之前，內心留下了哪些印象。這些印象變幻莫測，絕對遠超出一般大人的想像。兒童時期最常見的一種心理影響是，遭父母過度懲罰或虐待而引發的壓抑感。這種影響會促使孩子奮力尋求解脫，甚至可能產生一種排斥心理。由此可見，父親脾氣不好的話，女兒很可能從此認定全天下男人的脾氣都不好，因而發展出排斥男人的人生原型。如果母親採取高壓教育，兒子就可能排斥女性，而且會以各種方式來表現他對女性的排斥。他在女性面前可能會極為羞怯，或是正好相反，性關係變得相當隨便（其實這也是一種排斥女性的方式）。上述情況皆非與生俱來，而是要歸咎於兒童早期的環境條件。

孩子小時候出的差錯，日後往往得付出很高的代價；比較麻煩的是，即便事實明顯擺在眼前，大人卻鮮少對孩子伸出援手。為人父母者不知道也不願意承認自己的言行造成了孩子今日的苦果，使得孩子只能暗自摸索，走出自己的人生路。

有一點頗令人玩味，即便生在同一個家庭，手足之間成長的情境卻不盡相同。就算同是一家人，每個孩子所處的環境都大相逕庭。和其他弟妹相較之下，老大成長的環境尤其不同。老大原是家中唯一的小孩，自然是大人關注的焦點；一旦老二出生，老大就會發現自己頓然失寵，而厭惡起這樣的轉變。事實上，這可說是老大人生中的悲劇：原本眾人專寵的局面，轉瞬已不復見。而這種悲劇感還會融入人生原型的發展過程之中，長大成人後再透過人格特質形之於外。事實上，已有許多個案顯示，老大會因承受不了地位下滑的打擊，而從此一蹶不振。

家庭中還有一種環境差異，即「男女有別」。家長往往太過重視男孩，認為女孩一無是處。在這種環境下長大的女孩，待人處事永遠猶豫不決。她們的人生充滿疑慮，「男人才能做大事」的想法，也會在她們的心中揮之不去。

老二的地位一樣有其特殊性與個別性。老二的地位與老大截然不同，因為他們一出生就有領路人（pace-maker）與其同行。而且老二往往能超越老大、青出於藍；探究箇中原因之後，我們發現長子女會因為有了弟弟、妹妹這樣的競爭對手，而心神不定、表現不如既往，最後動搖了他們在家裡的地位。老大會害怕與老二競爭，開始走下坡，導致父母對他們的評價越來越低，轉而欣賞起老二。另一方面，老二一出生就上有兄姐，可說是一輩子都處在與人競爭的局面。而老二所有的個性，都反映了他們在家庭裡的特殊地位。他們的性格中帶有反叛因子，不認同權力或權威。

自有史以來，老么握有權力的故事便一再出現。《聖經》裡的約瑟（Joseph）便是一例：他想征服每一個人。即使他離家多年後，家裡又多了一個從未謀面的弟弟也一樣；他早已認定自己是么子。童話故事也有類似的情節：由最小的孩子擔負起領導者的角色。由此可以看出，這些人格特質，事實上在兒童早期的人生就已經出現，必須等到個人的閱歷視野提高到一定程度才有可能改變。因此，我們如果想重新調整一個孩子的人格特質，就必須協助他知道小時候發生了什麼事。他必須徹底體悟到一點：人生原型正在對他的發展產生不當的影響。

個人的早期記憶很有研究價值，藉此可以了解一個人的人生原型以及個人特質。根據累積至今的一切研究與觀察所得，促使我們得出一個結論：早期記憶是人生原型的一部分。以下說明可以幫助我們說清楚、講明白。方才提過三類高危險的小孩，現在先來談第一種。舉例來說，先天腸胃不好的小孩如果對小時候的所見所聞還有記憶的話，內容十之八九與飲食有關。再以慣用左手的小孩為例，身為左撇子這件事，很可能會影響他的個人觀點。一般人談起童年回憶時，內容不外乎是媽媽很疼愛自己，或是家裡多了一個弟弟、妹妹，但左撇子可能會提到自己常常挨揍（假設他有個脾氣暴躁的父親）或者別人是如何攻擊他的（假設他在學校很惹人厭）。這種種跡象都非常值得研究，但前提是我們要學會如何讀懂其中的含意。

要精通早期記憶這門學問，必須具備高度的同理心，並運用同理心讓我們懂得設身處地，彷彿實際置身於孩子童年時的情境。唯有靠著這股同理心的力量，我們才能了解家裡多了一個新生兒時，對孩子的內心世界來說有何意義，或是暴力父親會在孩子心裡留下何種印象。

我們在處理個案時總是再三強調，只靠懲罰、責難與鼓吹等手段並無法解決任何問題。不論大人小孩，若找不到真正需要改變的癥結所在，即使做再多努力也是枉然。當孩子不懂哪裡要改變、為何要改變時，不是會變得更狡詐，就是更加膽小怯懦。懲罰和講道理都無法改變一個人的人生原型，單靠人生經驗也辦不到，因為所有的人生經驗都和一個人的統覺系統一致。只有當我們理解他的基本人格時，才有辦法改變。

如果我們試著觀察有發展遲緩兒的家庭，便會發現這種孩子看起來都很聰明（這裡的「聰明」是指，我們問問題時，他們都答得出正確答案）。但從他們的各種症狀與表情，都可以看出他們具有強烈的自卑感。當然，聰明不代表具備常識。從發展遲緩的孩子身上，可看出「只顧自己」的心理狀態（個體心理學會以「私人的〔private〕」一詞，來描述這種只屬於自己、無法套用到他人的狀態）；精神官能症患者身上同樣也有某些類似的特質。以強迫症（compulsion neurosis）為例，病患心裡很清楚一直數著窗戶有幾扇根本毫無意義，但就是停不下來。一個對於有用事物感興趣的人，絕不會做出這類舉動。精神病患還有一個特色，他們另有一套專屬於個人的理解方式與語言。精神病患無法用常識能理解的話語，與他人對話。而一個人若具備常識，就代表他對社會抱持著高度興趣。

如果把常識的判斷和精神病患內心的私人判斷做比較，就會發現常識通常是對的。憑藉常識，我們可以分辨善惡好壞；即使遇到過於複雜棘手的問題、就算依循常識也難免犯錯時，這些錯誤仍會隨著常識的演變自行修正。反之，只管自己在乎什麼的人，並無法如一般人一樣輕易地分辨是非對錯；事實上，他們常會顯露出自己在明辨是非方面的無能，而他們的一舉一動，旁人全都看在眼裡。

以犯罪為例，我們在查探罪犯的聰明才智、理解能力與動機時，發現他們通常認為自己的犯行機敏又勇敢。罪犯相信自己達成了一個充滿優越感的目標（goal of superiority）：亦即，他比警察更聰明，他能夠打敗其他人。罪犯自認是英雄，看不到自己的行為其實跟勇敢沾不上邊。罪犯對社會不感興趣，他的活躍表現在生命無用的面向上，和缺乏勇氣有關，也和怯懦有關，卻毫不自知。投身在無用面向的人，往往會害怕黑暗與孤獨，而希望有人相伴。這種行為正是怯懦的表現，而且是不折不扣的怯懦。事實上，阻止犯罪的最佳之道，便是讓所有人都明白：「犯罪不過是怯懦的表現。」

相信許多人都聽過，有些即將邁入三十大關的罪犯會洗心革面，找份工作，結婚成家，從此當個奉公守法的好公民。這是為什麼呢？且讓我們以竊賊為例。一個三十歲的竊賊要怎麼和二十歲的小伙子競爭？年輕人的頭腦更靈活，也更孔武有力。因此，年屆三十的竊賊會迫於現實而開始過著不同於以往的生活，因為他們領悟到繼續幹這一行只能喝西北風，還是早日金盆洗手為宜。

請牢記一件事，嚴刑峻罰非但嚇阻不了犯罪，反而會讓罪犯堅信自己才是英雄。別忘了，罪犯活在以自我為中心的世界，而在這樣的世界裡，人並無法找到真正的勇氣、自信，以及休戚與共的感受，也無法了解共同的價值觀。這樣的人絕對無法融入社會。精神病患組成團體的機率近乎於零，對於患有空間恐懼症（agoraphobia）或精神失常的人來說，更是不可能的任務。問題兒童或自殺的人為何不喜歡交朋友，至今尚無合理的解釋，不過有一點倒是值得一提：他們之所以交不到朋友，乃是因為他們早年的人生皆以自我中心為導向。他們的人生原型追逐的是虛假的目標，過的是無用的人生。

接著來談談個體心理學為了教育與訓練精神病患所設計的治療方案，這些病患包括孩童、罪犯、不想過有用人生的酒鬼。

為了便於迅速了解究竟是哪裡出了錯，我們首先應該詢問：「問題最早是從何時開始的？」一般人會把過錯歸咎於某種新的環境，但這其實是誤解。正確的解釋應該是，患者從來沒有為適應新環境而做好準備（這點可藉由問答的過程得知），導致後來真的出了問題。當精神病患處於自己喜歡的環境時，人生原型的錯誤就不會顯現出來；每一種新環境，本質上就是一場實驗，患者只能憑藉人生原型所創造出來的統覺系統來回應新環境。做出的回應並非單純的反應，而是富有創造性的反應，而且與他們的人生目標一致。研究個體心理學時，過去的經驗很早就告訴我們，關鍵不在於「遺傳」，也不要只在乎某個單一部分。人生原型會根據自己的統覺系統來符合經驗。因此為了得出結論，我們必須先研究這套統覺系統。

這也正好道盡了過去二十五年[3]個體心理學的方法取向。或許已有人看出個體心理學朝著一個新方向發展許久，心理學與精神分析也分成許多學派，各家學派眾說紛紜，各有各的看法，互不相讓。讀者或許也應抱持懷疑的態度，等你們親自比較孰是孰非之後，就會發現個體心裡學並不認同「驅力」心理學（"drive" psychology）的看法（在美國，心理學家威廉．麥獨孤〔William McDougall〕是此領域的翹楚），因為他們的「驅力」範圍太廣，太過強調遺傳傾向的作用力。同樣的，我們也不認同行為主義

3 譯註：本書最早於一九二七年出版。

（Behaviorism）標榜的「制約 vs 反應」（“conditioning” and “reactions”）。除非我們能知道「驅力」和「反應」的目標為何，要不然根據這些來型塑一個人的命運和個性，其實毫無用處，更不用說這些心理學派根本沒有考量到個人的目標。

想當然爾，現在提及「目標」一詞，讀者很可能不知所云。因此我們必須為大家具體說明這個概念。最新的研究指出，人的目標，說穿了就是渴望成為上帝；成神成佛當然是人的終極目標，也可說是目標中的目標。教育工作者在教導自己與孩子向神看齊時，必須非常謹慎。事實上，我們發現小孩在成長過程中，會用比較直接具體的目標來替代「神」這個終極目標。孩子會在周遭環境中尋找最強而有力的人，將此人當成目標典範。這個人可能是父親，也可能是母親。如果母親最為強勢的話，就算是男孩也會模仿母親。

長大一點後，當孩子相信公車司機是最強悍的人，他們就會轉而想當公車司機。[4]一旦孩子立下這樣的目標時，他們的心理、行為舉止乃至穿著打扮，都會模仿起公車司機，表現出來的人格特質也會和這個目標一致。但是等他們發現只要警察舉手攔檢，公車司機便得乖乖就範時，就會立刻另尋目標。依此類推，他們後來的角色典範可能會變成醫生或老師。因為老師有權處罰學生，讓學生敬畏有加並認定老師就是最強的人。

社會上許多代表性人物都可能成為孩子選定的目標。研究發現，孩子設定的目標實際上點明了他對社會的興趣。有個男孩被問到長大後的志願時答道：「我要當劊子手。」這是一種缺乏社會興趣的表現。該名男孩希望主宰生死大權，但這應該是神的角色。他希望自己比整個社會更強大，卻因此邁向無用的人生。在種種想向神看齊、想成為生死主宰而立定的目標當中，當醫生也是選項之一。不同的是，這個目標是透過服務社會來達成的。

4 譯註：原文為「馬車夫」（coachmen），順應現代經驗而調整為「公車司機」。

生命總會設法延續下去，而且在面對外來阻礙時，生命的力量絕不會還沒掙扎就先高舉白旗。

Life always seeks to continue, and the life force never yields to external obstacles without a struggle.

第二講 自卑情結

The Inferiority Complex

「換做是我的話，會這樣做……」
「我本來也想接下那份工作，但是……」
「我本來也想反駁他啊！但是……」
會說出這種話的人，內心深處都藏著強烈的自卑感，都覺得自己不夠好。

2

以個體心理學實務來說，用「意識」（consciousness）和「無意識」（unconsciousness）兩個專業術語，來指稱這是兩種完全不同的因素，並非正確的表述。意識和無意識其實是朝著同一個方向、相輔相成運行，彼此之間毫無牴觸。但是一般人往往有所誤解。再說，兩者之間的界線並不明顯。因此，我們必須找出朝著同樣方向前進的兩者，到底是為了達成哪些目的。在尚未弄清兩者的關係之前，想分辨什麼是有意識的、什麼又是無意識的，根本不可能。再者，意識與無意識之間的關係是會在人生原型（即第一講分析過的生命型態）中顯現出來的。

有個案例可以說明意識和無意識之間的密切關係。案主是一名四十歲的已婚男人，他患有焦慮症：他極想從窗戶跳下去，也一直努力對抗這股自殺的渴望。除此之外，他的表現一切良好：交遊廣闊，社經地位不錯，與妻子感情融洽。除非用意識與無意識之間的相互關聯來探討，不然此個案著實讓人費解。從意識面來說，他覺得自己必須從窗戶跳下去。但是他仍活著，而且連試都沒試過。他之所以能活下去，全因為他的生活中還有另一個無意識的面向。在無意識的面向中，他拚命抗拒著想自殺的渴望，而這種掙扎發揮了極重要的力量。當無意識能與意識互相配合時，他就贏了。事實上，在他的「人生風格」（the Style of Life，詳見第四講）之中，他是一位征服者，完成了一個充滿優越感的目標。這時，各位讀者可能會問，當他意識裡有**自殺**傾向時，又怎麼會覺得優越呢？答案是，他身上有一股力量在打仗，奮力對抗自殺傾向，而他贏了這場戰爭，成為名符其實的征服者及優越者。客觀來說，驅使他去追求優越感的條件因素，是他自己的弱點；在某方面覺得自卑的人，常會出現這種情況。最重要的是，在這場屬於他自己的戰爭中，他奮力追求優越，他奮力求生，他奮力征服，這股奮力一搏的力量超越了自卑感及想死的衝動。而差別只在於，自卑感與自殺的渴望出現在他的意識生命中，奮鬥的力量則存在於無意識生命中。

且讓我們來檢視此人的人生原型發展是否符合我們的理論。首先分析他的童年記憶。我們發現，他小時候有學校適應不良的問題。他不喜歡其他男同學，只想逃離他們，但他仍然鼓起所有勇氣，待在學校面對他們。換言之，我們已經看到他付出努力去克服自己的缺點。他面對了問題，也戰勝了問題。

分析此個案的性格後，我們發現他的人生目標之一就是克服恐懼與焦慮。在這個目標驅使之下，他的意識概念和無意識概念互相配合，構成一個統一體（unity）。若有人不把此人視為一個統一體，可能會認為他並沒有任何優越、成功之處。旁人或許會認為個案只是一個很有野心的人，雖有奮戰的想法，但本質上仍是一個懦夫。但這種觀點是錯的，不僅未將與個案相關的所有因素都考量進去，也沒有參照整體人生來詮釋那些重要的因素。如果我們不承認人的所有面向是一個統一體，整個心理學界，包括我們對個體的理解，或是想要理解個體而付諸的努力，終將徒勞無功。這就像是我們預先假定一個人的人生可以劃分成意識與無意識，卻又認定兩者之間毫無關連，因此不可能將人生看成一個完整的實體（entity）。

除了將個體的所有生命面向當成一個統一體來看，我們還必須將一個人的人生併入社會關係脈絡一起檢視。剛出生的嬰兒很脆弱，因此需要他人的照顧。如果不去了解負責照顧孩子、彌補孩子弱勢的人，我們就無法了解這個孩子的人生風格或型態。如果我們只懂得分析孩童身體所存在的空間環境（periphery），就無法理解孩子和母親、家庭之間錯綜複雜的關係。孩子的個體性（individuality）不僅是人身上所具有的特性而已，還涉及整個社會關係的脈絡。

適用於孩子身上的道理，某種程度也適用於成人。孩子在家庭生活中表現出來的軟弱，和成人在社會生活中所表現出來的軟弱非常類似。我們大家一定都曾深感無能為力，對生活的某種難題無所適從，只覺孤掌難鳴。因此，成人身上最強烈的傾向之一就是組小團體，這樣一來便能以某社群成員的身分自居，不會淪為被孤立的個體。這樣的社會生活（social life）對於克服無能感與自卑感絕對大有助益。動物界的情形也很類似，弱小的物種一定過著群居生活，除了團結力量大之外，亦可滿足個體的生存需求。比方說，一群水牛定可自我保護、擊退狼群。只有一頭水牛絕對寡不敵眾，但如果是好幾頭水牛聚在一起，就可站穩腳步、同心協力擊退天敵，保住性命。反之，大猩猩、獅子、老虎則可以離群索居，因為大自然賜予牠們自我保護的本領。人類沒有動物那般壯大的力氣和尖牙利爪，因此獨自一人並無法生存。由此可知，人類之所以開始社會生活，皆因人類本身的軟弱無助而起。

基於這一點，我們可預期在人類社會裡，每一個人所具備的能力與技能都不一樣。

而一個調適得宜的社會，絕對會義不容辭地為每一位成員提供支援，幫助他們發揮能力。各位務必理解這一點，否則會誤以為可以單純根據一個人的天賦能力來判斷某個人。事實上，即使某個人在孤立的環境下出現了某些缺陷，但只要他能回歸組織完善的社會，就很有可能補足欠缺的能力。

且讓我們假設每一個人的不足之處都是天生的，如此一來，心理學的目標便是要訓練每個人與他人和諧共存，以降低先天缺陷造成的影響力。社會演進的歷史也訴說著人類如何互相合作，以克服缺乏和不足。我們都很清楚，語言是一種社會性的發明，卻很少有人知道個體的缺陷才是催生出語言的根本理由。兒童早期的行為最能闡述這個事實。當孩子無法滿足自己的渴望，就會希望獲得大人的關注，而方法就是發出類似語言的聲音。但如果孩子不需要引人注意，就根本不會想開口；剛出生幾個月的嬰兒便是如此。幾個月大的新生兒毋須說話，母親就會盡其所能滿足其需求。根據個案紀錄，有很多孩子到了六歲還不會說話的理由，正是他們根本沒有開口的必要。有個特殊個案也能佐證上述論點：當事人的父母都是聾啞人士。那孩子跌倒、受傷時會哭，但是他的哭泣是無聲的，因為他知道父母聽不見，所以出聲無用。也就是說，他會做出哭泣的表情來吸引父母的目光，卻不會哭出聲音。

由此可知，我們在從事研究時，務必時時檢視待探討事實的整體社會脈絡。我們必須檢視社會環境，才能明白個體選定了哪一種「充滿優越感的目標」。我們也必須檢視社會情境，才能了解為什麼當事人會在某些方面失調。比方說，有些人之所以會有語言障礙，是因為他們無法透過語言與其他人正常溝通。口吃者便是一個顯著的例子。如果我們研究一名口吃者，應能發現此人從生命之初便無法適應社會。他不想加入別人的活動，也不想結交朋友。一個人若要發展語言，必須與他人建立關係，但口吃者並不想。因此，他的口吃永遠好不了。實際上，口吃者通常有兩種類型：一種是想與他人建立關係，另一種則會自我孤立。

我們發現，沒有社交生活的成人難以在公眾場合暢所欲言，通常也有上台恐懼症的傾向。這是因為他們把聽眾都當成了敵人，在面對一群看來頗有敵意並強勢的觀眾時，他們會覺得自卑。但事實是，一個人唯有在信任自己與台下觀眾時，才能好好說話，也唯有此時，他才不會怯場。

因此，自卑感與社會訓練不足的問題息息相關。自卑感來自對社會的不適應，所以人都必須接受社會訓練，透過這種基本方法來克服自卑感。

社會訓練與常識直接相關。當我們說一個人可運用常識化解自身的困難時，我們心裡所想的常識是一套社會群體的智慧。此外，如上一講提過的，根據只有自己才懂的語言、道理行事的人，就是一種異類。精神失常之人、精神官能症患者以及罪犯，都屬於這一類人。我們也發現，這些人對他人、制度、社會規範等都漠不關心，這些事物對他們來說毫無吸引力。但是，唯有透過這些事物，他們才能獲得救贖。

在面對這些根據私人道理（private intelligence）[5]行事的人時，我們的任務是要讓他們對社會事務（social facts）感興趣。神經質的人總覺得只要自己本意良善就能理直氣壯，但光靠這點並不夠。我們必須讓他們理解，在社會上真正重要的是他們完成了哪些成就、做出了什麼貢獻。

凡是人類皆有自卑感，也都會努力追求優越。但光憑這一點就說每個人都一樣，可就錯了。自卑與優越，是支配個體行為的一般性條件；而在這些條件之外，每個人的體力、健康與環境都大不相同。因此即使條件相同，不同的人就會犯下不同的錯誤。我們只要觀察孩子的行為，就會發現他們沒有一種絕對固定、正確的回應方式。每個孩子都有各自的因應之道。他們都努力追求更好的人生風格，只不過追求的方式不盡相同。他們會犯下不同的錯誤，也會以不同的方式追求成功。

且讓我們來分析不同個體身上的差異和獨特性。以左撇子小孩為例，有很多孩子可能從來都不知道自己是左撇子，因為他們一直被訓練要使用右手。他們剛開始用右手時，顯得很笨拙而不靈活，因此常常遭受斥責批評，也會被嘲笑。嘲笑別人固然不對，但事實上，大人應同時訓練小孩使用左右手。一個人是不是左撇子，從襁褓時期就看得出來：左撇子小孩使用左手的頻率多於右手。在逐漸長大的過程中，左撇子可能會因為右手不好使而將右手視為負擔，但另一方面，他也通常會對右手和右臂產生極大的興趣，這股興趣常會顯現在用右手繪畫、寫作等。事實上，如果左撇子小孩日後比右撇子更會用右手，也不足為奇。這是因為左撇子孩子不得不對自己的右手感興趣，或可說是他們比右撇子更早覺醒。而這同時也意味著身上的不足之處導致他們接受了更多的訓練，對於發展藝術才華和能力來說，往往是一大優勢。處於這種條件下的孩子通常雄心

5 譯註：私人道理是指與眾人都接受的常識相反、僅適用於特定個人的想法或看法。

勃勃，奮力克服自己的限制。但要是奮鬥過程太過辛苦的話，他也可能會因羨慕、忌妒他人，而引發一股更強烈而難以克服的自卑感，此時狀況就更為棘手了。也因為必須不停地奮鬥，這個孩子或許從小到大都爭強好勝、不服輸，只為了心裡的一個想法而努力：「我不可以笨手笨腳，也不能有缺陷。」然而，這樣的人往往會背負比他人更大的壓力。

孩子會遵循四、五歲時形成的人生原型，據此努力、犯錯與發展。每一個人的目標各有不同。有的孩子想成為畫家，有的孩子卻只希望能遠離這個自己適應不良的世界。旁觀者或許知道他應怎麼做才能克服自己的不足，但當事者卻不自知。況且一般而言，很少有人能用正確的方式來對孩子說明事實。

很多孩子都有眼睛、耳朵、肺臟或脾胃方面的問題。我們也發現，缺陷正好激發了他們對這方面的興趣。有個奇特的個案正好可以說明這一點：案主患有氣喘，但總在下班回家後才會發作。他四十五歲，已婚，擁有不錯的社經地位。當我們問他：「為什麼下班回家後，氣喘才會發作？」他回答：「事情是這樣的，我太太非常崇尚物質主義，而我是理想主義者，所以我們的意見總是相左。我回家後只希望能安安靜靜，好好享受屬於自己的時光，而我太太卻只想出門找朋友，對於我不出門這件事頗有怨言。久而久之，我的脾氣越來越壞，開始覺得喘不過氣。」

為什麼這位先生會喘不過氣？為什麼他發作的方式不是嘔吐？其實，他只是遵循自己的人生原型罷了。小時候，他曾因身體某種缺陷而胸部纏滿繃帶，密不透風的繃帶影響了他的呼吸，讓他很不舒服。幸好當時有一個很疼他的保母一直在他的身邊安慰他。保母把全副注意力都放在他身上，絲毫不在乎自己。自此他就留下了一個印象：隨時隨地都會有人逗他開心、安慰他。到了他四歲那一年，保母因嫁人而離職，他陪著保母到車站的一路上痛哭不止。保母離開之後，他對母親說：「我的保母走了，這個世界對我來說再也沒有意義了。」

由此可見，成年後的他就像小時候形成人生原型時一樣，總是在尋找一個理想對象，那個人必須能一直逗他開心、安慰他，而且只關心他一人。他的問題不在於所處環境的氧氣不足，而是沒有人能隨時隨地取悅、撫慰他。然而，要找到能一直讓我們笑口常開的人，談何容易。這名案主無時無刻都想主導全局，而某種程度上，氣喘幫助他順利完成這個目的。每當他氣喘發作，他的妻子就不再想著要去看電影或外出找朋友。這也意味著，他達成了心中那個「充滿優越感的目標」。

從意識層面來看，這位男士一向舉止合宜，但他的內心深處有著一股想成為征服者的渴望。他希望妻子也能成為他口中的理想主義者，而非物質主義者。對此，我們應該質疑，他真正的動機並不如表面所見……

我們常看到視力不好的孩子對視覺性的事物特別感興趣；在視覺方面發展出敏銳的機能。以古斯塔夫．佛瑞塔格（Gustav Freitag）為例，這位成就非凡的偉大德國詩人患有嚴重的散光。詩人和畫家常有視力方面的問題，但這種缺陷反而會促使他們對「視覺」更感興趣。佛瑞塔格自述道：「由於我的眼睛和別人的不同，我被迫善用並訓練我的想像力。我並不知道這麼做能否幫助我成為出色的作家，但不論如何，視力不佳反而讓我透過幻想看到更美好的事物，超越任何視力良好的人在現實中所見的一切。」

如果我們仔細檢視天才所具備的特質，常會發現他們有視力不佳的困擾或其他缺陷。自有歷史以來，連萬能的天神都可能一眼眼盲或雙眼全盲，難以完美無缺。而有些幾近全盲的天才，反而比雙眼正常的人更能理解線條、陰影與色彩的差異。這點說明了如果能正確了解孩童的缺陷為何，便能對症下藥、解決問題。

有些人對飲食的興趣會比其他人來得高，他們會不斷談論自己能吃什麼、不能吃什麼。這類型的人通常小時候都有飲食方面的問題，因此「吃」對他們來說，比任何事都重要。或許他們有一位密切監控的母親，諄諄告誡他們什麼能吃、什麼不能吃。腸胃疲弱的人必須自我訓練，才能克服自己的問題，而他們也會對三餐要吃些什麼興致勃勃。由於他們老是想著吃，甚至可能磨出高超的廚藝，或是成為美食專家。

不過，腸胃不好的人有時也會另尋其他東西來取代飲食。如果找到的替代品是金錢的話，這種人不是一毛不拔的鐵公雞，就是很會賺錢的銀行家。

他們通常會很努力累積財富，自我砥礪、不分日夜地朝著這個目標邁進。他們無時無刻都想著自己的事業，這一點有時會變成他們極大的優勢，讓他們超越其他同行。有趣的是，據說有錢人常有腸胃不適的毛病。

基於以上所述，且讓我們自我提醒：身體與心理之間常有關聯，但特定的缺陷不見得會造成同樣的結果。而生理缺陷與糟糕的人生風格之間，也未必存在著因果關係。身體上的毛病，可以透過均衡的營養與適當的治療來減輕症狀。但實際上，導致不良後果的原因並非生理上的缺陷，而是病人本身的心理態度。因此，對個體心理學家來說，真正的原因絕不會只是單純的生理缺陷，或是單一的生理因果關係（physical causality），而是一個人以錯誤的態度面對自身的缺陷。有鑑於此，個體心理學家致力於協助孩子在人生原型發展的期間，培養出努力奮鬥的精神，以對抗自卑感。

有時候，一個人之所以不耐煩，都是因為他沒有克服困境的耐性。每當我們看到有人不斷躁動、脾氣暴躁，情緒起伏很大，就能推論他們應該具有強烈的自卑感。知道自己終能克服困難的人，在努力的過程中一定會耐著性子。從另一方面來說，沒有耐性的人常常無法把該做的事做完。孩子之所以變得傲慢、不耐、好鬥，都是因為自卑感嚴重作祟。在面對這類案例時，我們的任務就是要找出他們背後真正的理由，也就是他們身陷於何種困境之中，以便對症下藥。切記，千萬不要去批評或**處罰**孩子在原型的人生風格中所犯的錯。

想分辨孩子具有何種人生原型特質，有具體的方法可循：檢視他們有哪些與眾不同的興趣、他們為了超越其他人而做了哪些計畫與努力，以及他們立下了哪些充滿優越感的目標。有一種人生原型是不相信自己，且會透過行動與表情表現出來。這種人只想盡量遠離人群，只想一直留在自己可以掌握的舒適圈中，而不願去面對各種新的環境。不論是日常生活、就學、出了社會，或是結了婚，這種人的行為舉止、所作所為都如出一轍。他們只希望能在自己的小天地有所成就，以便達成自己充滿優越感的目標。我們發現很多人身上都有這項特質，但他們都忘了一點，若要達成目標，必須先做好因應各種情境的準備。不管發生什麼事都必須面對。如果一個人會設法避免去接觸某些特定的人或情境，那麼他肯定只具備能說服自己的私人道理，而且這絕對是不夠的。人都需要和社會接觸，也需要常識，才能持續成長進步。

一位哲學家如果希望在研究上有所成就，便不能一天到晚只會吃飯應酬，而是需要長時間獨處，才能蒐羅想法並應用正確的研究方法。但等到這些準備工作都做完之後，他就必須與社會保持聯繫以求成長。社會聯繫在人的發展中是很重要的一環。因此，在面對任何人時，我們應該記住人都有上述需求。我們也必須記住，一個人可能成為有用之人，也可能是無用之人。因此，我們要仔細去分辨有用行為和無用行為之間的差異。

整體社會進步的關鍵，在於人們會持續努力尋找有利的情境，讓自己表現卓越。因此，深感自卑的孩子會排斥比自己出色的同齡伙伴，轉而和他們可以駕馭、作威作福的孩子一起玩耍。這是一種異常且病態的自卑感表現，因此我們必須明白問題的癥結不在於人有自卑感，而是自卑的程度與特質。異常的自卑感稱之為「自卑情結」（Inferiority Complex）；然而，用「情結」一詞來描述滲入整個人格中的自卑感，其實並不精準。這不只是一種「情結」而已，更是一種「疾病」，在不同的情境之下足以衍生出各種害處。因此，當一個人對自己的工作自信滿滿，我們或許無法察覺到他身上有著自卑感。不過，當他對自己的社會定位或異性關係有所疑惑時，我們就能從中發覺他真實的心理狀態。

在緊張或艱困的情境之下，錯誤會更明顯。在困難或全新的情境中，人生原型就會表露無遺，而絕大部分困難的情境幾乎都是當事人完全陌生的領域。第一講曾提過，在新的社交情境中最能清楚看出一個人對社會感興趣的程度，真正的原因就在這裡。

若把一個孩子送到學校去，他在學校表現出來的社會興趣，和在一般社會環境下是相同的。孩子可能和同學相處融洽，也可能拚命避開他們。倘若孩子變得過動、狡詐、愛耍小聰明，我們就必須檢視他們的內心，找出這些行為背後的原因。如果看到某些孩子必須在特定條件下才會有所行動或是凡事猶豫不決，我們就要非常小心，因為這樣的孩子往後在面對人生、人際關係與婚姻時，也會發生同樣的問題。

大家一定都碰過這種人：嘴上老掛著「要是我的話就會這樣做……」「我本來也想接下那份工作的……」「我想反抗他……但是……」。這些說法都代表了強烈的自卑感。事實上，如果我們從自卑感這個角度出發，對於說話者的某些特定情緒，像是懷疑，就會有不同於以往的全新看法。我們都知道疑神疑鬼的人永遠只會費心猜疑，因而一事無成。但是，當他們採取否定立場說「我不做」時，通常都是心口如一，真的會收手不做。

心理學家只要仔細觀察的話，就會發現人的身上充滿了衝突；衝突，可視為透露出此人自卑感的信號。但實際面對個案時，我們也必須觀察他表現出來的具體行動。即使個案在待人接物、應對進退方面表現很糟，我們仍必須檢視他與人相處時的行動與肢體語言是否猶豫不決。人通常會在某些不同的情況下，才會表現出遲疑的態度。行事作風老是進退維谷的人，正是此人自卑感強烈的寫照。

個體心理學的任務之一，就是訓練這一類人揚棄猶豫不決的態度。面對這些人，最適當的做法是激勵鼓舞（encourage），而非使之灰心喪志（discourage）。我們必須讓他們徹底了解自己有能力面對困境、解決生活中的種種問題。唯有如此，才能培養出自信；也唯有自信，才能克服自卑感。

我們必須讓人們徹底了解自己有能力面對困境、解決生活中的種種問題。唯有如此，才能培養出自信；也唯有自信，才能克服自卑感。

We must make them[people] understand that they are capable of facing difficulties and solving the problems of life. This is the only way to build self-confidence, and this is the only way the feeling of inferiority should be treated.

第三講 優越情結

The Superiority Complex

優越情結，是自卑情結的產物。

努力看起來很強、看起來比一般人優秀的人，其實有著強烈自卑感。

3

上一講，我們討論了自卑情結，以及自卑情結和一般自卑感之間的關係；自卑感，每一個人都有，也是每一個人要奮力克服的問題。這一講則要跟各位談談一個完全相反的主題——優越情結（Superiority Complex）。

我們現在已經知道，人生中的每一個問題症狀，會如何透過行動的過程表現出來。因此，我們可以說每一個症狀都有著它的過去與未來。症狀會走向哪一種未來，與一個人努力的方向、設定的目標緊密相連。至於症狀的過去，則代表自卑或有缺陷的狀態（而每個人當下都在努力克服這些狀態）。因此，以自卑情結來說，我們感興趣的部分是一開始形成之時；但以優越情結來說，我們比較想了解的是它的連續性，也就是動態發展的過程。更有甚者，這兩種情結天生就有關係。因此，當我們在自卑情結當中發現優越情結的存在時，也毋須驚訝。同樣地，研究優越情結及其連續性的時候，必然會看到其背後藏有自卑情結的影子。

當然，我們也必須謹記，自卑和優越之後附加的「情結」一詞，指的是一種誇張狀態，用來描述異常的自卑感或過度追求優越感。以此觀點出發，就不會認為存在於同一人身上的這兩種傾向（自卑情結和優越情結）互相抵觸了。顯而易見地，追求優越與自卑感都是再正常不過的情感，而且兩者天生互補。如果一個人覺得現狀很完美，就不會努力追求優越感，也不會想要功成名就了。這些所謂的「情結」其實都源於人本來就有的情緒。因此，這兩種情結之間的矛盾，和其他各種情緒之間的矛盾，並無孰輕孰重之分。

人類畢生都在追求優越感，而這正是塑造人類心智與精神的力量。就像我們之前提過的，人生為的就是要達成某個目標或狀態；追求優越感，便是以具體的行動去達成目標。人生就像一條奔流的溪，溪裡的種種，都會隨波向前流去。假設仔細觀察懶惰的小孩，發現他們動也不動，對什麼都提不起興趣，我們會認為他們根本不想有所作為。但同時，我們也會發現他們渴望優越，這股渴望讓他們敢於說出：「我要不是這麼懶，我也可以當總統。」就像他們只有在某些特定的條件之下才會付諸行動、努力奮鬥。他們對自己的評價很高，認為只要這樣那樣去做，他們也可以在有益的生命面向上達成許多願望。想當然爾，這一切都只是自欺欺人、痴人說夢。大家都知道做白日夢能讓人感到滿足，缺乏勇氣的人尤其如此，光靠空想就能自我感覺良好。他們知道自己的力量不夠，因此遇到困難總會想辦法避開。最後，透過不斷逃避、不戰而逃，他們反而會覺得自己比實際上更強壯、更聰明。

根據調查發現，有些孩子會偷竊，都是出於優越感作祟。他們相信自己下手偷東西的時候絕對天衣無縫，而且他們無需付出太多努力便有大把金錢花用。在某些自以為是超級英雄的罪犯身上，這樣的優越感也非常明顯。

我們先前也從另一個面向談過這種特質：這是一種只能說服自己的私人道理，既非一般常識，也不符合社會意識（social sense）。比方說，有名謀殺犯自詡為英雄，但那只是他個人單方面的想法，實際上他並沒有勇氣，所以會想盡辦法逃避問題，不願去面對與解決生活中的問題。因此，犯罪是優越情結的產物，而非根本、原始罪惡的具體表現。

人生就像一條奔流的溪，溪裡的種種，都會隨波向前流去。

Life is like a stream which drags along all the material it can find.

我們也在精神病患身上發現到類似症狀。比方說，他們晚上睡不著，導致白天沒有體力應付工作。他們甚至覺得自己不該繼續工作，因為失眠只會讓他們無法達到應有的表現，甚至感嘆：「只要我能睡飽，根本沒有事難得倒我！」

飽受焦慮折磨的憂鬱症（melancholy）患者也有類似的情況。焦慮，成了他們對他人施暴的工具。事實上，他們會利用焦慮來控制他人：他們有諸多要求，比方說隨時隨地都要有人陪伴，不管去哪裡，身邊都一定要有人。如果你是陪伴者，就只能遵照憂鬱症患者的要求過日子。

罹患憂鬱症和精神失常的患者，永遠都是家庭關注的焦點。在他們身上也能看到自卑情結強大的力量。他們會不斷抱怨自己疲弱不振、體重下降等，但事實上他們才是最強的，所有人都得聽他們的話。這其實毋須大驚小怪，因為在人類的文化裡，「弱者也能稱王。」（事實上，如果自問文明社會中最強大的人是誰，最合理的答案是嬰兒。嬰兒才是真正的王者，完全不受他人的控制與支配。）

且讓我們來探討優越情結與自卑之間的關係。假設我們面對的是一個有優越情結的問題兒童，這個孩子莽撞、傲慢而好勝。我們會發現，他永遠都想超越自身的能力，拿出超水準的表現。我們也都知道，脾氣不好的孩子常會藉著出其不意的攻擊來控制他人。他們為什麼會毫無耐性呢？因為他們不確定自己是否真能達成目標；亦即，他們感到自卑，覺得自己不夠好、不夠強。好戰、具攻擊性的孩子一定都有自卑情結，而他們也渴望能夠克服這種情結。但他們的解決方法卻好比是墊起腳尖、讓自己看起來比較高大威武那般，只想靠著便宜行事，來獲得成就、尊嚴與優越感。

我們必須找到適當的方法來治療這些孩子。他們會表現出前述的行為舉止，是因為他們沒有發現生命的整體性，也不知道事物的自然順序。我們不必予以指責，因為這種結果也非他們所樂見的；如果我們質疑他們，這樣的孩子一定會堅持自己才不自卑，反而覺得自己高人一等。因此，我們一定要以和善的態度向他們解釋我們的觀點，逐步讓他們了解自己的問題所在。

很愛炫耀的人只有一個原因——覺得自卑。他們覺得自己不夠強大，無法在生命有益的面向上和他人一較高下。也因為這個理由，他們只能一直停留在無用的面向上。愛炫耀的人無法融入社會，無法適應社會，也不知道如何化解人際方面的問題。我們若是繼續深究定能發現，這樣的孩子在童年時期，與父母師長之間一直處於拉鋸狀態。面對這類個案時，我們必須了解孩子過去曾經歷過的事，並設法讓孩子理解。

精神官能症患者也同時具備自卑情結與優越情結。這種疾病的顯性症狀通常是優越情結，自卑情結則為隱性症狀。某個強迫症患者的個案史正是最顯著的例子。當事人是一名年輕女孩，和姐姐很親。她的姐姐很有魅力，備受眾人仰慕與禮遇，而這一點自始至終都是關鍵所在，因為家裡只要有一個人最為出色，其他較遜色的人就辛苦了。不論出色的人是父親、母親或兒女都一樣，其餘相形失色的人只會覺得自己處境艱難，有時甚至會痛苦到難以忍受的地步。

我們也發現到，不那麼出色的孩子身上都有自卑情結，而且會不斷往優越情結靠攏。只要他們在乎自己之餘也能關心他人，終能圓滿解決生命中的問題。但如果自卑情結太強烈，他們會覺得自己彷彿孤身一人身陷敵營，只能將注意力放在自己身上而無暇顧及別人，因此無法培養出同屬一體的休戚與共感。他們在回應社會問題時的感受，無法帶領他們找出解決方案。為了尋求解脫，他們踏入了生活的無益面向。我們都知道這並非真正的解脫，因為他們的目的並非解決問題，而是要別人拉他們一把好生存下去。他們像乞丐一樣，異於常人地利用自身的弱勢，乞求別人伸出援手。

無論男女老幼，人在脆弱的時候，就會喪失對社會的興趣，轉而追求自己認定的優越。這似乎也是人類天性的特色之一。人們都希望不必對社會付出任何關心，就能獲得優越感，並據此解決生活大小問題。不過，只有在追求優越的同時也對社會產生興趣，我們才能邁入有益的人生面向，擁有美好的成就。缺乏社會興趣的人，實際上就等於還沒做好解決人生問題的準備；就像我們之前提過的，問題兒童、精神失常者、罪犯、自殺者等都缺乏社會興趣。

方才提到的那個女孩，從小就在不被關愛的環境下成長，自覺備受限制。如果她能對社會抱持興趣，跟我們一樣理解相關的因果關係，或許就能過著不同的人生。她後來開始學音樂，想成為一名音樂家，但她念茲在茲都是姐姐比較受寵、害自己毫無發揮餘地，應運而生的自卑情結也讓她總是處於緊繃狀態。她二十歲時，姐姐嫁為人婦，她也開始尋覓如意郎君，想跟姐姐一爭高下。可是這樣一來，她反而跌入了更深的深淵，離健全、有益的生命面向越來越遠。她心中開始有了一種想法：認為自己極為邪惡，擁有讓別人下地獄的神祕魔力。

這股魔力可視為一種優越情結，但是這個妹妹同時也很愛抱怨自己居然擁有這股力量，就像我們有時會聽到有錢人抱怨有錢的悲哀一樣。她覺得自己有著神一般的力量，可以讓人下地獄，甚至也認為自己有能力與義務去拯救被她打入地獄的人。這兩種想法都荒謬至極，但透過這種空想，她深信自己手上握有比受寵姐姐更厲害的力量。唯有在這場幻想的競爭中，她才得以打敗姐姐。而她之所以會抱怨自己擁有這樣的力量，都是因為抱怨得越多，就顯得這股力量確有其事；如果她拿自己的魔力開玩笑，別人便會懷疑她是否真有這股力量。只有藉著抱怨，她才會覺得開心。在這個案例當中，我們看到優越情結有時會躲起來，當下看不出來，但實則作為自卑情結的補償物而真實存在著。

現在該來談談那位姐姐了。姐姐備受寵愛，因為她有一度是獨生女、天之驕女，也是全家關注的焦點。然而，她三歲時妹妹出生了，這一點完全改變了她在家中的地位。過去她一向是全家人唯一的重心，卻在一夕之間失去優勢地位。因此，她成為爭強好鬥的小孩。不過，人只有在對手比自己弱的時候才敢挑起爭端。好鬥的孩子其實並不勇敢，只敢欺凌弱者。如果周遭的人都很強勢，這樣的孩子就不會好鬥，而是變得乖戾易怒，或者抑鬱不樂，並很有可能因此而不受家人喜愛。

在這種情況下，身為長女的她認為自己不像過去那般受寵，家人態度上的改變更堅定了她的看法。她將母親視為罪魁禍首，因為把妹妹帶入家中的就是母親。說明至此，大家應能理解為何姐姐會直接衝著母親而來了。

反之，身為新生兒的妹妹需要家人全天候的照顧、注意與寵愛，因而處於較有利的地位，不需努力也不必爭寵；做妹妹的會變得非常貼心溫柔，受人喜愛，進而成為家庭的中心。有時候，隱藏在順從當中的優勢更能征服他人！

接著就來檢視妹妹的貼心、溫柔與和善是否會展現在生命中有益的面向。我們或許可以如此預設，妹妹之所以聽話溫順，只是因為她備受寵愛。但人類文明並不認同在家中受到過度縱容與溺愛的孩子。有時候，做父親的會體認到這一點，想辦法終結這種狀態，而學校也會介入關切。因此，被寵過頭的孩子地位可能隨時不保，因而覺得自卑。只要受寵的孩子處於有利地位，我們就看不出他們具有自卑感，但一旦情況不利於他們，我們就會看到這些孩子不是精神崩潰，一副鬱鬱寡歡的樣子，就是發展出優越情結。

優越情結與自卑情結有一個共同點：兩者永遠都出現於生命的無益面向。在生命的有益面向當中，我們絕對找不到自大、傲慢又懷有優越情結的孩子。

受寵的孩子一旦開始上學，就不再處於有利地位。我們會看到他們以遲疑的態度過生活，不管做什麼事都虎頭蛇尾。前例中的妹妹也是如此。她學過縫紉、鋼琴等才藝，卻總是三分鐘熱度；在此同時，她也失去了對社會的興趣，不再喜歡出門，從此意志消沉。她也認定自己的個性比較容易妥協，所以才會一直活在姐姐的陰影之下。遲疑不定的態度讓她越來越軟弱，也導致她的個性越來越墮落。

出社會開始工作之後，她的態度一樣猶豫不決，什麼都做不好。雖然她想和姐姐一較高下，但在愛情與婚姻路上，她同樣躊躇不前，就這樣一路挑三撿四到了三十歲，沒想到卻挑到了一個患有肺結核的男子。想當然爾，我們可以預見她的父母親一定會反對，不用她自己踩煞車，做父母的也會出面阻止。三十一歲時，她嫁給了大她三十五歲的丈夫。六十多歲的男人根本不是一般人眼中的好丈夫人選；而這樁根本不是婚姻的婚姻，看來也毫無益處。所謂的老少配，或是介入他人婚姻、寧可不結婚的第三者，當事者通常都具有自卑情結。一旦婚姻或婚外情出現障礙，當事人的行為也會開始膽怯退縮。以這個妹妹來說，由於她無法在婚姻中找到優越感，故而尋求另一種慰藉。

她堅持世上最重要的事便是盡本分，而她的本分就是隨時隨地保持雙手乾淨。只要她碰到了什麼人或什麼東西，就會洗一次手。但是這麼一來，她反而完全孤立自己了。事實上，她的雙手反而變得很髒；原因很簡單，因為不斷刷洗導致她的皮膚變得非常粗糙，容易藏汙納垢。

這一切看起來都像是自卑情結在作祟，但她卻認為自己是世上唯一純潔無垢之人，並持續批評、指責其他沒有狂洗手的人。她就像個盡職的演員，只不過她演的是一齣別人看不懂的默劇。她一直想比別人優越，並透過幻想遂行這個心願：她是世上最純潔的人。我們都很清楚，她的自卑情結已轉換成優越情結，而且表現得非常明顯。

自以為是耶穌基督或凱撒大帝的自大狂（megalomaniac）也有同樣的狀況。自大狂一樣處在生命的無益面向，對自己扮演的角色太過投入，簡直弄假成真。他們活在孤立的世界中，如果我們回顧他們的過去，就會發現他們因自卑感而發展出優越情結，走上了一條毫無價值的人生路。

接著要談的個案是一名十五歲的男孩，他因為常常出現幻覺（hallucination）而被送進精神病院。當時是一次世界大戰尚未爆發之前，但在男孩的幻覺中，奧地利國王已死。即使與事實不符，他仍宣稱國王託夢給他，要求他帶領奧地利軍隊對抗敵人。但他只不過是個個頭很小的男孩罷了！有人拿報紙給他看，證明國王好好地待在城堡中或駕車出城去了，卻仍然無法說服他。男孩依舊堅稱國王早已過世並託夢給他。

在當時，個體心理學界試圖找出睡姿與優越感或自卑感之間有何關係及其重要性。與睡姿有關的資訊頗有參考價值。有些人睡覺時會像刺蝟一樣蜷曲著身子，還會用被子蓋住頭，這都是自卑情結的表現。你會用勇敢來形容這樣的人嗎？或者，當你看到一個人老是睡成大字形，會認為他生性脆弱、做事畏首畏尾的嗎？事實上，睡覺呈大字型的人，清醒時就跟睡覺時一樣，時時展現大器風範，而且名符其實。此外，根據觀察，習慣趴睡的人，個性大多頑固又好鬥。

基於上述研究，我們也觀察了前述男孩睡著的情形，想知道睡姿是否反映了他的個性。我們發現，他睡著時雙臂交叉放在胸前，就像拿破崙一樣。大家應該都看過圖片中的拿破崙擺過這樣的姿勢。隔天，研究人員詢問男孩：「這個姿勢有沒有讓你想起誰？」男孩回答：「有，我的老師。」這個答案令人費解，直到有人點出那位老師可能長得很像拿破崙，事後也證明如此。男孩很敬愛那位老師，期盼自己能成為像他一樣的老師。但由於男孩家裡沒有錢讓他接受教育，要求他去餐廳工作補貼家用，但餐廳的客人卻常常笑他矮。男孩忍無可忍，一心想逃避這種羞辱感，卻逃到了生命無用的面向。

我們可以理解這個男孩身上發生了什麼事。一開始他因為自己個子矮小、遭到餐廳客人嘲笑而發展出自卑情結，但他仍不斷追求優越感，希望為人師表。然而迫於現實生活所逼，他並無法一圓老師夢，所以只好轉往人生無用的面向發展，找到了另一個充滿優越感的目標——讓自己在夢裡高人一等。

所以說，充滿優越感的目標可能處於生命有用的面向，也可能落到了無用的面向。這就好比某個人被稱為大善人，這可能有兩層含義：一、他很能融入社會，樂於幫助別人；二、他很愛自吹自擂。心理學家遇過許多愛老王賣瓜、說大話的人。有個案例是一個在校表現不佳的男孩；事實上，他的表現其差無比，逃學、偷竊樣樣來，但他卻為此洋洋得意。他的行為出於自卑情結，只想在某方面獲得成就，來滿足自己無用的虛榮心。因此他偷錢買鮮花和禮物送給妓女。有一天，他驅車前往一個小鎮，在那裡買了一輛馬車和六匹馬，一路奔馳招搖過市，直到被捕為止。他一切所作所為，都只是想表現出自己最厲害——比真正的他還要厲害。

罪犯的行為傾向也很雷同：罪犯往往自稱成功犯罪輕而易舉（先前已從另一個角度談過此現象）。紐約有幾家報紙曾報導一名慣竊專挑女老師的住處闖空門，還會和被害者聊天。這名慣竊對女老師們說，她們根本不了解腳踏實地工作賺錢有多辛苦，偷東西輕鬆多了。這個人顯然逃進了生命的無益面向。而且藉著走上這條路，他也發展出了某種優越情結——他覺得自己比女性更強，尤其是他持有武器，而她們手無寸鐵的時候。但是，難道他不明白自己其實是個懦夫嗎？沒錯，他是個不折不扣的懦夫，因為他藉由逃入生命中的無益面向，來逃避自己的自卑情結——他自認是英雄，而非狗熊。

有些人則會選擇自殘，希望用這種方式擺脫真實世界的難題。這種人表面看來不怕死，充滿優越感，不過他們其實軟弱不堪。由此可知，優越情結會於第二階段發展出來：優越情結是一種對自卑情結的補償。我們一定要找出自卑情結與優越情結之間的有機性連結（organic connection）：這種連結表面上看似矛盾，但就像我們之前說明過的，其實很符合人性。一旦找出這種連結，我們才有切入點可以矯正自卑情結和優越情結。

還沒討論正常人和這兩種情結之間有何關係之前，我們不應對自卑情結與優越情結這個主題妄下定論。先前提過，**每一個人都有自卑感**。但自卑感不是一種疾病，而是刺激人們以健全態度、努力向上發展的力量。唯有當自卑感變成壓垮某個人的最後那根稻草，無法激勵他從事有益的活動，還讓他終日憂鬱不樂、難以發展時，自卑感才是一種病。至於優越情結，則是有自卑情結的人用來逃避困境的一種方法。他在覺得「自己不夠好」時反而轉了心境，做了「自己最好」的假設；這種虛偽的成就感彌補了他無法承受的自卑。正常的人，不僅沒有優越情結，連優越感也沒有。人們之所以努力追求優越，是因為每個人都有想成功的企圖心。只要一切努力是為了追求有用的事物，我們的價值觀就不會偏差。而精神方面的疾病，正始於價值觀的偏差。

正常的人，不僅沒有優越情結，連優越感也沒有。

The normal person does not have a superiority complex; he does not even have a sense of superiority.

第四講 人生風格

The Style of Life

每一個人都有獨一無二的人生風格。

觀人如觀樹……

因此，我們應該觀察人與特定環境之間的關係。

4

看看山谷裡的松樹，就會發現它們和長在山頂上的松樹不一樣。兩邊樹種相同，卻呈現出兩種截然不同的生命型態。山頂上的樹表現出來的姿態，和山谷裡長成的樹不同。一棵樹的生命型態，就是這棵樹的個性，是這棵樹在所處環境中表達自我、塑造自我的結果。你若是能仔細觀察在非常態環境中成長的樹木，就能理解每一棵樹自有其生命模式，而非僅是機械式地因應環境而已。

人也跟樹一樣，應在特定環境條件下觀察每個人的人生風格。身為心理學家的我們，主要任務就是分析個體人生風格與既有環境之間存在何種關係，因為心會隨境而轉。處於順境的人，旁人很難看清楚他的人生風格。但是，一旦他進入了全然陌生的新環境，肯定會面臨困難；這時，人生風格就會清楚顯明。基本上，受過專業訓練的心理學家，即使在某人一帆風順之時，也能看穿他的人生風格；而對一般人而言，只要某人處於不利或艱困的環境之中，便能看清楚他具有何種人生風格。

人生不是一場遊戲，永遠不乏難題。人生在世，總有許多時候必須面臨重重困難的考驗。我們要研究的對象是各個遭遇困難的個案，設法找出他們有難時會做出什麼不同於平常的行為、展現出哪一些特殊的特質。就像之前提過的，人生風格是一個統一體，而型塑人生風格的正是人們早年生活所遭遇的困境，以及為了特定目標所做的努力。

然而，我們比較有興趣的並非過往，而是未來；想徹底了解一個人的未來，就必須先了解他的人生風格。即使已經挖掘出決定個人行為的本能、刺激、驅動力等因素，也無法預測他將來必然會如何。有些心理學家的確試過要歸納當事人的本能、印象、創傷來得出結論，但進一步檢視就會發現，利用上述要素就得出結論，而且假定的前提是一個人的人生風格永遠一致；因此不論有哪些刺激，其作用都只是在**保全**與**鞏固**人生風格而已。

人生風格這個概念，和前三講的討論有多密切呢？我們已經知道，有生理缺陷的人，面對困境時會惴惴不安，因而萌生出自卑感，或者飽受自卑情結之苦。但我們也很清楚，人類無法長期什麼都不做、僅是咬牙忍受痛苦而已；自卑感會驅使我們有所行動，立下目標。長久以來，個體心理學將這種為了達成人生目標的一致性行動稱為「人生規劃」（a plan of life），但這個詞彙有時會誤導學生，現在統一改為「人生風格」（a style of life）。

每一個人都有獨特的人生風格，有時光是和某個人談話並問他問題，就能預測那個人的未來。這就好比觀眾看到舞台劇的最後一幕，一切謎題都解開了。我們之所以能透過上述方式進行預測，是因為我們知道人生包含哪些階段、困難與疑問。因此，透過累積經驗與已知的事實，我們就能推斷一些孩子未來的發展，像是選擇孤立自己、老是要人幫忙、被寵壞，以及在新情境中躊躇不前的孩子。如果一個人的人生目標是靠他人拉一把，那會怎麼樣？他可能會猶豫不決、停滯不前，也可能乾脆逃避問題而不設法解決。我們很清楚他會做出哪些行為，因為同樣的事早已發生無數次了。他並不想獨自面對，只想依賴他人。他只想逃離人生重大問題，淨做些毫無意義的事，卻不想為了有意義的事付出努力。他對社會毫無興趣，最後不是變成問題兒童、精神病患、罪犯，就是使出最終手段——親手終結自己的生命。比起以往，現在我們更能了解這一切事物背後的因果關係。

譬如說，現在我們已經明白，在檢視一個人的人生風格時，我們可以利用正常人的人生風格作為衡量基準，將社會適應良好的人當作標準，據此衡量與正常人不同的異類。

論述至此，先清楚定義「何謂正常的人生風格」，並解釋「如何以正常為基礎來理解錯誤和特殊異類」，應該會對讀者很有幫助。但在討論之前，有一點必須釐清：個體心理學進行這類研究時並不會把人加以分類。我們不會去想某個人屬於哪一類，因為每一個人都有獨特的人生風格。就好比一棵樹上找不到兩片一模一樣的葉子；同樣的，我們也找不到兩個完全相同的人。這個世界如此豐富多元，到處都有刺激、本能與錯誤，因此，絕不可能有兩個一模一樣的人。所以說，如果真要分類，也僅是將類別當作一種智性工具（intellectual device），目的在於更了解個體之間的相似性。我們可以假設有一種智性分類法，將人分為數種類型，研究不同類型的特殊性，以做出更精準的判斷。然而，當我們這麼做時，並不會只使用同一種分類；而是會用最能凸顯特別相似性的分類。人們向來認真看待所謂的類型和分類，一旦把某個人歸為某一類，就很難再將他納入其他類別了。

以下舉個具體例子來幫助大家了解。當我們說A先生屬於「社會調適不良」類型時，指的是他過著貧乏枯燥的人生，對社會絲毫不感興趣。這是分類法的一種，也可說是最重要的一種。但請再仔細考慮一下，如果A先生對社會的興趣都集中在視覺方面（即使社會興趣很少也無妨）呢？再假設有一位B先生，他對社會的興趣幾乎都是以口語為主。兩相對照之下，A和B兩人大不相同，但都算是社會適應不良的人，都很難與身邊的人建立關係。因此，如果我們不了解「類型」只是一種權宜的抽象概念，類型分類法很可能變成引發混淆的源頭。

現在再回來談正常人——這類人是我們用來衡量異類的標準。正常人，指的是生活在社會裡的個體，過著調適得宜的生活模式，不論他們有無意願，社會都會因為正常人的努力而獲益。而且，從心理學的角度來看，正常人還具備足夠的精力和勇氣，能積極面對問題和困境。上述兩類特質恰好是精神病患所缺乏的[1]：精神病患無法適應社會，心理也調適不當，無法因應日常生活所需。我們可以用一個實際個案來說明：有名三十歲的男子總在最後關頭選擇逃避，而不去設法解決問題。他對朋友的疑心病很重，每段友誼都無法長久。也因為他不信任朋友，導致對方在這段友誼關係中總是處於緊張狀態，最後連朋友都做不成。我們可以清楚看出，雖然那名男子有許多泛泛之交，但實際上一個真正的朋友都沒有。他不熱衷交友，也不諳經營友誼。事實上，他根本就不想融入社會，在別人面前總是沉默不語；對此他的解釋是，跟別人相處時他都沒有什麼想法，因此沒什麼好說的。

此外，這個男子很怕生，說話時常會臉紅。只要他能克服怕羞這一點，就能好好講話。他真正需要的是有人能針對這方面提供協助，但不要給予批評。當然，因為個性怕生，他無法好好溝通表達，鄰居都不太喜歡他。他自己也感覺到了，所以變得更討厭開口說話。我們或許可以說，他培養出來的人生風格，是希望當他與人接觸時，別人所有的注意力都放在他身上。

繼社會生活和人際關係技巧之後，接著來談談他工作上的問題。這個個案總擔心工作會失敗，因此日以繼夜地做研究。他不但過勞，精神也過於緊繃，最後因壓力太大，乾脆辭職。

1 編註：這裡的精神病患，英文為psychopathic，表示行為衝動、缺乏正常良好的判斷力或不能理解他人行為的人。

如果我們比較個案解決第一個和第二個問題的方法，就會發現他總是處於極度緊繃的狀態。這也顯示出他的自卑感相當嚴重。他低估了自己不說，還認為其他人與新情境都對他不利。他的處境彷彿是一個身陷敵營、四面楚歌的人。

現在我們已有足夠的資訊，可以勾畫此人的人生風格了。我們看到他很想前進，但又因害怕失敗而裹足不前，好比如臨深淵一般，戰戰兢兢，一直處於緥緊神經的狀態。只有在特殊條件之下，他才會邁步向前走，但一般情況下，他都寧可選擇待在家裡，不和他人打交道。

此人所遭遇的第三個問題，也是多數人都沒準備好要面對的問題，那就是愛情。對於異性接觸，他表現得很遲疑。他想談戀愛，也想結婚，但因為強烈的自卑感，導致他根本不敢放眼未來。不論愛情或婚姻，都是他想做卻做不到的。綜觀他的行為與態度，可用一句話作結：「沒錯……但是……」我們看到他愛上一個又一個女孩。而這種情形在精神病患身上很常見，因為某種程度上他們認為「兩個女孩（的壓力）比一個女孩少多了」。有時候，這一點可用以解釋一夫多妻或一妻多夫的成因。

現在來談一談形成這種人生風格的理由。別忘了，個體心理學的任務是分析特定人生風格背後的理由。這名男子在四、五歲時就形成了這樣的人生風格。當時發生的悲劇型塑了他這個人，而我們的任務便是挖掘出悲劇的真相。我們發現，某件事使得他對其他人失去興趣，並讓他萌生「人生本是大難題」的想法，因此不要繼續向前邁進比較好，省得必須面對接踵而來的逆境。結果，他變得凡事小心翼翼、舉棋不定，更成為一個老是逃避的人。

有件事一定要提，這名個案在家中排行老大。前面已談過身為老大所代表的重大意義：老大有一段時間是家庭的中心，但更為受寵的弟妹會取代他們的地位，讓他們光環盡褪，進而引發極為嚴重的問題。很多時候，當我們看到一個人很怕生、畏懼向前邁進，探究原因後往往會發現，那人的身邊還有另一個人更受疼愛。因此，我們不難發現這個案例的問題成因何在。

多半時候，我們只需要問病患一個問題即可：你在家中排行老幾?從中我們就可以得到所有必要資訊。我們也可以選擇另一種截然不同的方法：請個案回想早期記憶（Old Remembrances，又譯早年回憶）；這個方法將於下一講進一步討論。這是一種很有價值的方法，因為這些記憶（或稱早期的畫面），是培養出早期人生風格、即我們稱之為人生原型的一環。當一個人談起早期記憶時，旁人就能從中找出他人生原型的真實部分。人在回首過去時，都會記得某些重要的事，而停留在記憶裡的永遠都是最重要的事。有些心理學學派卻反其道而行。他們認為，被人遺忘的才是最重要的事。不過，這兩個想法之間並無太大差異。一個人或許可以說出他意識裡的記憶，卻不知道這些記憶代表什麼意義，也看不出來記憶和行為之間的相關性。因此，無論強調的是意識記憶（conscious memory）被隱藏或遺忘所代表的意義，還是被遺忘的記憶最為重要，最終的結果都一樣。

只要些許對於早期記憶的說法，就能帶來莫大啟示。因此，前例的個案或許會說起小時候媽媽帶他和弟弟上市場的事。光這一點就足以讓我們發掘出他的人生風格。他說到了自己和弟弟，可想而知，弟弟對他來說一定很重要。若是繼續引導他說下去，你可能會聽到這段故事：去市場那天下雨了，媽媽本來把我抱在懷裡，但後來看到弟弟，就把我放下來，改抱弟弟。我們可以據此勾勒出他的人生風格：他總是預期有別人比他更得人疼。我們也可以理解他為何在公開場合就是無法好好說話，因為他總是在尋找並擔心是否有人比他更受歡迎。這個關係也可以應用到友誼上。他總是認為朋友喜歡的是別人，因此他根本交不到任何真心好友。他一直很多疑，不斷針對小事情找碴，因而妨礙了友誼的延續。

我們同時也發現，他所經歷的悲劇阻礙了他培養社會興趣。他想起的是「媽媽把弟弟抱在懷裡」，這揭示了他覺得媽媽關心的是弟弟而不是自己。他覺得弟弟比較得人疼，並一再想辦法印證自己的想法。他相信自己絕對錯不了，因此永遠處在緊張狀態；他的人生是一場巨大的困境，總得和另一個更受寵的人相抗衡，在競爭的環境中努力追求成就。

這位多疑男子想解決困境，最快的方法就是完全孤立自己，不與他人接觸。這樣一來，他就會像地球表面上僅存的最後一個人類一樣，毋須與人競爭。有時候，這樣的小孩會幻想全世界都毀滅了，只有自己存活下來，這樣就不會有人比他更得人疼了。看得出來，秉持這種想法的人其實很努力抓住任何可以拯救自己的機會。但是，他並沒有遵循邏輯、常識或事實，反而變得疑神疑鬼。他活在一個限制重重的世界裡，私心只想逃避。他切斷與和任何人的關係，對他人毫不感興趣。但我們不應責備他，因為我們知道他其實不正常。

我們的任務，就是要讓這樣的人像那些社會適應良好的人一樣，培養出必要的社會興趣。該怎麼做呢？以他們成長的條件來說，最大的難題是他們一直太緊張，而且不斷設法證明自己的成見千真萬確。因此，除非我們能先讓他們放棄先入為主的想法，藉此深入他們的人格，才有可能改變他們的思維。要做到這一點，必須應用某種特定的方法與技巧。而最理想的狀況是，提供建議的人（adviser）不可與個案過從甚密，也不可投入太多興趣。一旦某人過度熱衷研究某個病例，他的研究會變成是出於個人興趣，而非以病患的利益為優先，而病患也一定會注意到這一點，心生疑慮。

減輕患者的自卑感至關重要。自卑感是無法根除的，事實上也毋須根除，因為自卑感可以成為有益的基石，讓人們在此基礎上繼續發展茁壯。我們必須做的是改變患者的目標。事實證明，如果身邊有人更受歡迎，這位個案的人生目標就會變成逃避。此時，我們就必須要改變這些想法衍生出的情結。我們必須向他證明他低估了自己，藉此減輕他的自卑感。我們可以讓他了解他的行事作風造成哪些問題，讓他明白自己太過緊張，好比站在萬丈深谷之前或活在敵國境內，永遠將自己置於險境。我們也應明確指出他害怕別人更受歡迎的心態；正是因為這股恐懼，害得他無法表現出最好的自己，也使得他無法自然地在人前留下好印象。

如果這個人可以在社交場合中當個稱職的主人，時時關心朋友們，使得賓主盡歡的話，就會大有進步。但我們心知肚明，他在一般的社交場合裡很不自在，也沒有任何想法，只會說：「這些笨蛋，他們根本不喜歡我，也引不起我的興趣。」

這種人的問題，在於他們無法理解情境，因為他們有的是私人道理，而非常識。正如之前提過的，他們總是如臨大敵，過著孤狼般的生活。以人生來說，這是一種帶有悲劇色彩的異常狀態（abnormality）。

自卑感無法根除，事實上也毋須根除，因為自卑感可以成為有益的基石，讓人們在此基礎上繼續發展茁壯。

It cannot be extirpated altogether, and in fact we do not want to extirpate it because a feeling of inferiority can serve as a useful foundation on which to build.

且讓我們來看另一個具體的個案：個案是一名飽受憂鬱症折磨的男性。憂鬱症極為常見，而且是可以治癒的。一個人會不會罹患憂鬱症，在其人生早期階段就可見端倪。事實上根據發現，有許多孩子在接觸新情境時都會出現憂鬱症的徵兆。我們接著要談的這名憂鬱症患者，大概有十次發病的紀錄，每次都在他換新職務時發作；然而，只要他一直守著舊崗位，表現就近乎正常。不過，他不願融入社會，一心只想支配他人。他也沒有朋友，到了五十歲還是王老五。

為了研究他的人生風格，我們先來觀察他的童年。他小時候一向敏感，愛與人爭論，總是藉由強調自己的痛苦和弱點來控制兄姐。有一天，哥哥、姐姐跟他三人在長椅上玩耍，他把另兩人都推下了椅子。阿姨責備他時，他卻說：「妳罵我！我的人生都被妳毀了！」當時，他不過才四、五歲。

這就是他的人生風格：總是想要控制別人，總是訴說自己的弱點，並抱怨生活很痛苦。這樣的特質導致他罹患了憂鬱症；而憂鬱症本身就是一種軟弱的表現。每位憂鬱症患者講的話都差不多，像是：「我的人生毀了，我什麼都沒了。」他們小時候大多被寵壞了，如今不再受寵，因而影響了人生風格。

人在回應情境時，跟動物一樣。面對相同情境時，不同種類的動物，如野狼、老虎等，做出的反應截然不同。所以，不同的人，也會有各種不同的反應。有人做了以下實驗：將三個不同類型的男孩帶到獅籠前面，觀察他們第一次看到凶猛雄獅時，會有哪些反應。第一個男孩轉過身說：「我們回家吧！」第二個男孩說：「太棒了！」他想表現得很勇敢，說話時卻不斷發抖，其實是個膽小鬼。第三個男孩則說：「我可以對牠吐口水嗎？」三個人的反應迥異，用三種不同的方式去體驗相同的情境。而且我們也觀察到一點，大部分的人都會感到害怕。

這股怯懦如果表現在社交情境中，便是引發適應不良最常見的理由之一。有一個出身上流家庭的男子，從沒想過要靠自己努力，一心只想依賴他人。他老是一副軟弱無用的樣子，當然也找不到好工作。家道中落後，其他兄弟開始逼他，對他叫囂：「你這麼笨，什麼工作都找不到，而且什麼都不會。」所以，他開始酗酒，幾個月後變成了酒鬼，在療養院住了兩年。戒酒治療對他有幫助，卻無法徹底解決他的問題，因為後來他在毫無準備之下再度回歸社會。儘管他是名門之後，卻只找得到體力勞動的工作。很快地，他開始出現幻覺，總覺得有人在嘲笑他，害得他無法工作。他最初是因為是酗酒而無法工作，後來則是出現幻覺之故。這個個案讓我們了解到一點：只讓酒鬼戒酒並不能治本，最適當的治療是找出他的人生風格並加以修正。

調查後發現，這名男子過去也是被寵壞的小孩，總是等人伸出援手。他從沒做好獨立的準備，導致最後落得這般下場。因此，我們必須訓練每一個小孩獨立，而讓孩子獨立的不二法門正是讓他們了解自己的人生風格有何錯誤。如果上述男子孩提時受過訓練而能自立的話，長大後就不會在兄弟姐妹面前抬不起頭了。

想徹底了解一個人的未來，就必須先了解他的人生風格。

And in order to understand a person's future we must understand his style of life.

第五講 早期記憶

Old Remembrances

有個孩子小時候目睹姐姐死亡而大受打擊。我們請他談談長大後的志願。
他如是答：「我要做挖墓工。因為我想成為埋葬別人的人，而不是被埋的人。」
一語道盡「早期記憶」對人生的影響之大。

5

分析過個體人生風格的重要性之後，現在來談談早期記憶。探索早期記憶或許是了解個體人生風格最重要的方法。透過回顧童年記憶，我們得以揭開個體的人生原型（即人生風格的核心），而這也是最有效的方法。

不論是成人或小孩，如果想找出當事人的人生風格，我們應該在聽他抱怨之後，請他聊一聊過去的記憶，然後將早期記憶與他所敘述的事實，進行比對。人生風格的大部分要素都不會改變。同一個人總是有著相同的人格，是相同的整體。正如先前所述，一個人在努力追求特定優越目標的過程中，人生風格於焉形成。因此，我們一定要預期個體所說的每一個字、所做的每一個行動和所體驗到的每一種感受，都是整體「行動方向」（action line）的有機組成部分。在某些特定的時間點上，如回顧早期記憶之時，個體的「行動方向」更為清楚易見。

然而，我們不應用二分法來區別新、舊記憶，因為新的記憶也包含行動方向。如果能在一開始就找到行動方向，事情就會比較簡單，也更容易清楚說明；如此一來，我們就能找到當事人的人生主題，也能理解為何一個人的人生風格實際上不會改變。在四、五歲便形成的人生風格當中，我們會找到過去的記憶和現在的行動之間的關聯性。歷經多次類似的觀察研究之後，我們確信以下理論：我們永遠都可以在早期記憶中找到個案人生原型中的本質。

當一個人回顧過往，不管他的記憶裡出現了什麼，必定是在情緒上讓他有感的事物，因此我們能據此找出探索此人人格的線索。無庸置疑的是，被遺忘的經驗，對於人生風格和人生原型來說也很重要，但這些被遺忘的記憶（又稱無意識記憶〔unconscious remembrances〕）多半難以發掘。而意識記憶（conscious remembrances）與無意識記憶有個共同特性：兩者都以充滿優越感的目標為依歸，也都是完整人生原型的一部分。因此，如果力之所及，最好能同時挖掘出意識記憶與無意識記憶。說到底，意識記憶和無意識記憶一樣重要。但一般來說，個體本身並不了解這兩種記憶，必須由局外人來分析並解讀。

我們先來談談意識記憶。被問到過往記憶時，有些人會回答：「我什麼都不記得了。」這時，我們必須要求這些人專心、盡力去回想；一番努力過後，便能發現他們想起了一些事。但之前的猶豫可視為一種信號，代表他們並不想回顧童年，也可以從中推論出他們的童年過得並不快樂。我們必須引導這些人並給予提示，才能得到我們想要的資料。不論如何，他們必會想起一些事情。

有些人聲稱他們的記憶可以回溯到一歲，但這幾乎不可能。事實上，那些記憶極有可能是出於他們的幻想，而非真實發生過的。但是，記憶究竟是幻想、還是真實，並不重要，因為這些記憶都是個體人格的一部分。有些人則堅稱：他們無法確定記憶到底是自己的，還是父母親告訴他們的。這同樣不重要，因為即使是經父母口述而來的記憶，他們也確實牢記在心裡了，故也有助於讓我們了解他們到底對什麼有興趣。

我們在前一講中解釋過，為了某些目的把人加以分類，是一種權宜的作法。以目前而言，早期記憶也有不同的分類，讓我們藉此了解每一類人應有的行為表現。且讓我們以一個個案為例。該個案記得自己曾看過一棵華麗閃耀的聖誕樹，上面掛滿了彩燈，還有很多禮物與聖誕蛋糕。在這個故事裡，最有趣的是什麼？是他**看到**的景象。他為何要告訴我們他看到了什麼？因為他一向對視覺性的事物很感興趣。這名個案因視力有問題而必須努力調適自己，在環境的磨練之下，他一向對於視覺很感興趣，而且很在乎「看」這件事。或許這並非他人生風格中最重要的元素，但也值得深究。這說明了一點，如果要指派工作給他的話，最好是能讓他善用眼力的工作。

學校在兒童教育方面常常忽略了這種分類原則。我們可能會發現，對視覺感興趣的孩子不愛「聽」，只想「看」。我們應該耐心地面對這樣的孩子，嘗試教他去聽。很多孩子在學校裡都只接受一種教法，因為他們只喜歡用一種感官，導致他們只善於聽，或是只善於看。有些孩子則是老愛動個不停，一直找事做。我們不能期待不同類型的孩子都能得到同樣的成果。如果老師偏好某一種特定教法，而教法如果對善於傾聽的孩子最有利的話，差異就會特別大；因為相較之下，視覺性或行動派的孩子會很辛苦，也有礙於他們發展。

再來看看一個例子，個案是二十四歲的年輕男性，常常昏厥（fainting spell）[1]。當我們請他回憶時，他想起四歲時聽到火車的汽笛聲就昏倒了。換言之，他是一個**聽覺性**

1譯註：昏厥（fainting spell），暫時失去知覺，是大腦供血不足所引起的，與疾病或身體虛弱無關。

的人，因此對「聽」最感興趣。在這個階段還不需要說明這名男子日後是如何罹患昏厥症的，只要注意到他從孩提時代就對聲音非常敏感便已足夠。他的音感很強，無法忍受噪音，也受不了不協調、刺耳的音調。因此，汽笛聲對他的影響之大，甚至能讓他一聽到就昏倒，也就不足為奇了。不管是成人或孩子，人之所以會對某些事物特別感興趣，往往是因為他們曾在那個方面有過痛苦經歷。各位讀者應該還記得第四講那位患有氣喘的男性吧。他童年時曾因氣喘而胸部纏滿繃帶，肺部因而受到壓迫，致使他日後對於呼吸方式格外有興趣。

大家也一定都看過全副心思都放在飲食的人。他們的早期記憶一定和「吃」有關。對他們來說，世界上最重要的事莫過於怎麼吃、什麼該吃、什麼不該吃。我們常會發現，他們小時候在飲食上遭遇的困難，強化了「吃」的重要性。

我們現在來看一個關於記憶的案例：與行動和走路有關。我們研究過許多從小身體虛弱或罹患佝僂病（ricket）[2]的孩子，他們小的時候無法行動自如，因此後來對「動」極感興趣，總想著要快一點。有個案例正好可以說明這一點。一名五十歲的男性去看醫生，談及每當他陪人過馬路時，都會有一股強烈的恐懼感襲上心頭，他很怕兩人都會被車撞，但是他獨自行走時就不會有這種感覺。事實上，他一個人穿越馬路時相當鎮定；唯有與他人同行時，他才會想保護對方；他會抓著同伴的手臂，拉著對方左躲右閃，惹得對方不快。我們偶爾會碰到這種人，但機率不高。且讓我們來分析他為何會有這種奇怪的表現。

當我們請他回憶早期記憶時，他說他三歲罹患佝僂病，身體不太靈活，曾有兩次過馬路被車撞的經驗。如今他成年了，對他來說，最重要的是證明自己已經克服這項弱點。也就是說，他想證明自己是唯一能安全過馬路的人。他總是在等待機會，一有同伴便迫不及待要表現。當然，多數人不會把安全過馬路當成值得驕傲或與人一較高下的事。但頗多人都像這位個案一樣，身上那股想要行動、亟欲展現自己有能力行動的渴望，十分強烈。

2譯註：佝僂病（ricket），這種病是體內缺乏礦物質導致骨骼發育不良，多發生在成長中的孩童身上，使其生長減慢，骨齡遲緩。

現在來談談另一起個案：有個男孩正一步步踏上犯罪之路。他偷竊、逃學，連父母都放棄他了。他的早期記憶都與想要四處遊歷與快速行動有關。他目前與父親一起工作，一整天都坐在辦公室。從個案的本性來看，我們開出的治療方式之一便是讓他當個到處奔波的業務員，替他父親推銷生意。

有一種早期記憶非常重要，即童年時期的死亡記憶。當孩子目睹有人驟逝，對他們的心靈將會造成極大的衝擊。有類似經歷的孩子，心理上可能會出現缺陷或毛病（morbid），或是奉獻自己的一生去研究生死大事，一心只想和某種疾病或死亡奮戰。我們也發現，其中許多孩子後來對醫學感興趣，長大後很有可能選擇醫師或藥師為職業；而這類目標當然歸類在人生的有益面向。他們不僅自己與死亡奮戰，也不吝幫助其他有需要的人。然而，在某些情況下，這類人的人生原型會朝自我中心（egotistical）發展。有一個孩子因為姐姐的死亡而大受打擊，我們請他談談長大後的志願。我們本來預期會聽到醫師，但他卻回答：「我要做挖墓工。」進一步詢問原因後，他解釋道：「因為我想成為埋葬別人的人，而不是被埋的人。」這是一個落在人生無用面向上的目標，因為這個孩子只關心自己。

且讓我們來看看被寵壞的孩子有哪些早期記憶。早期記憶如鏡子般反映出這類人的個性。被寵壞的孩子常把母親掛在嘴邊，這或許再自然不過了，但同時也是一個信號，代表他過去必須奮力營造受寵的情境。有時候，早期記憶看起來無關痛癢，卻很值得分析。例如有名男子這麼說：「那時我坐在自己的房間裡，我媽媽站在櫃子旁邊。」內容似乎無關緊要，但他提到了媽媽，這就是一個信號，代表他一直對母親很感興趣。如果母親的角色隱而不見，我們研究的繁複程度就會增加，必須試圖猜測與個案母親有關的事。假設那名男子只說：「我記得那時我在旅行。」我們如果進一步追問同行者是誰，將會發現正是他的母親。或者，如果有個孩子對我們說：「我記得有一年夏天住在鄉下。」我們便可以假設孩子的父親在城裡工作，母親與孩子則住在鄉下；這時可以繼續問：「誰陪你一起住呢？」如此一來，我們通常能發現母親對孩子的隱性影響力。

在研究早期記憶的過程當中，我們可以看出小孩子會很努力想得人疼，也可以看出孩子在成長過程中如何看重母親的寵愛。就理解當事人來說，這一點非常重要。因為孩子或大人談起這類記憶的話，我們便能確定說話者一直覺得自己的地位岌岌可危，或總認為別人比他受歡迎。我們也會發現他們的緊張越來越強烈、越來越明顯，整副心思都被自卑感占據。這個發現指出了一個重要的事實：這種人日後將會成為善妒的人。

有時候，人們對某件事的興趣會凌駕於任何事物之上。比方有個女孩說：「有一天我負責照顧妹妹，我很想好好保護她。我把妹妹放在桌子上，她卻被桌布絆倒而摔下了桌子。」這孩子當年只有四歲。要這個年紀的孩子照顧另一個小小孩，實在太過勉強。我們可以看到這個用盡一切力氣保護妹妹的姐姐經歷了一場大悲劇。這個做姐姐的長大之後，嫁給了一個「好」丈夫（幾乎到了對妻子百依百順的程度）。但她非常善妒，而且百般挑剔，總是害怕丈夫另結新歡。最後，她的先生為何會厭倦她，變得只關心孩子，理由呼之欲出。

有時候，人們會記得自己想傷害家人，甚至起了殺意。這類描述清楚凸顯出記憶中的緊張狀態。這種人只關心自己。他們不喜歡別人，對誰都有敵意。這種感覺其實早已存在於他們的人格原型中。

我們還看過一種人，他們害怕朋友或同伴之中有人更受歡迎，或者老是懷疑所有人都想贏過自己，結果什麼事都做不好。這種人一向擔心周遭可能會有更出色或更受歡迎的人出現，因此無法真正成為社會的一分子。不管做哪一行都提心吊膽、緊張兮兮，而這種態度在愛情與婚姻關係中格外明顯。

縱使我們無法完全治癒這種人，但憑藉研究早期記憶而知悉的方法，至少可以改善他們的狀況。

上一講曾提過一位童年時和母親、弟弟一起上市場的男子，他正是接受我們治療方法的對象。當那天開始下雨時，母親原本是先把他抱起來，但看到弟弟後，就把他放下來，改抱弟弟。因此，這名男子一直覺得弟弟比較受寵。

如果我們可以挖掘出部分早期的記憶，就能預測個案日後的人生會發生什麼事。然而，請務必記住，這些早期記憶只是線索而已，並非真正的原因。透過記憶，我們可以知道某個人過去發生過的事，以及發展的脈絡。記憶指出了個體透過哪些行動來達成目標，以及必須克服哪些障礙。記憶也揭示出對於生命有用或無用的面向，個體因何而對其中一個面向較有興趣。比方說，個案或許在性方面受到了所謂的創傷，因而對「性」最感興趣。得知某人的早期記憶包含性經驗時，並毋須訝異。有的人從很小開始，就只對性有興趣。而對性產生興趣，實屬人類的正常行為。但如我之前說過的，興趣也有很多不同的類型和程度。我們常會發現，當個案講起和性有關的回憶時，此人日後便會朝著性方面發展；而這樣的人生最終都是不和諧的，因為性的重要性被過度放大。有些人堅持人生的一切都以性為基礎；也有人主張腸胃是人體最重要的器官。根據這些人的例子可以發現，早期記憶和後來的人格特質是一致的。

有一個男孩能考上高中，至今仍是個謎。那男孩總是靜不下心，完全沒辦法坐下來讀書。他向來不把正事放在心上，到了該念書的時間，他卻常跑到咖啡廳或朋友家閒晃。因此檢視他的早年記憶很有意思。他說：「我記得自己躺在搖籃裡，盯著牆看。我注意到牆上貼的壁紙有很多花朵、圖案……」他一心只想躺在搖籃裡，壓根不在乎考試。他之所以無法專心讀書，是因為他總想著別的事情，而一心是無法兩用的。據此可推論出，這是一個被寵壞的孩子，沒有能力獨立行事。

現在讓我們來談談惹人厭、不被喜愛的孩子。這個類型很少見，屬於較極端的案例。孩子通常會有寵愛他們的父母或保母，可以滿足他們的欲望。但是如果一個孩子一出生就被討厭，是不可能存活的。這樣的孩子一定會早夭。我們也發現，許多私生子、罪犯及棄兒都是惹人厭的孩子，因而常常一副黯然失意的模樣。透過研究他們的早期記憶，我們可以發現他們確實記得這股被痛恨的感覺。有一名男性就曾說過：「我記得我媽媽打我、罵我、挑我毛病，一直到我逃家為止。」而在離家出走的過程中，他差一點淹死。

後來，他變得走不出家門，故來尋求心理醫師的協助。我們分析過他的早期記憶後發現，他曾離家出走過一次，還遭遇了極大的危險。這件事烙印在他的記憶裡，因此每當他出門時總是不斷注意有沒有危險。他是個聰明的孩子，卻老是擔心考不到第一名。他的個性變得猶豫不決，阻礙了他的進步。好不容易上了大學，他卻擔心起自己無法在既定規範之下和他人一較長短。我們知道，這一切都可回溯到他早年遇險時的記憶。

有一起個案或許也能清楚說明。個案是一名孤兒，雙親在他一歲大左右就過世了。他患有佝僂病，在孤兒院也未得到妥善的照顧。因為得不到照顧與關心，使得他日後難以結交朋友。我們回顧他的記憶後發現，他一直覺得別人比他更受歡迎，這種感受在他的發展過程中扮演著重要角色。他一直覺得自己惹人厭，這種感覺頻頻扯他後腿，讓他無法解決任何問題。由於自卑感，他拒絕去面對人生中的一切問題與情境，包含愛情、婚姻、友誼、事業……而這些事情全都需要與他人接觸才行。

再舉一個有意思的案例，案主是個很愛抱怨失眠的中年男子。他年約四十六或四十八歲，已婚有小孩。他對每一個人都沒好話，永遠專斷獨行，對待家人尤其如此。這般行徑讓周遭的人都痛苦不堪。

於是我們請他回想早期記憶，他說自己成長於一個雙親感情不睦的家庭，父母總愛吵架並威脅彼此，所以他很怕自己的父母。因父母疏於照顧，他總是渾身髒兮兮地去上學。有一陣子，他的班導師請假，來了一名代課老師。這位代課老師認為教職是一份美好又高尚的工作，對教育充滿熱忱。她在這個爹不疼、娘不愛的男孩身上看到潛能，決定主動鼓勵他。這是他人生中第一次得到別人的支持與青睞。從那時起，他就開始發憤圖強，但感覺上好像是後面一直有人推著他前進似的。他其實並不相信自己能有出眾表現，所以才會日以繼夜地努力不懈。因此，他在成長過程中即養成每天熬夜、甚至完全不睡的習慣，把時間都用來思考哪些是他必須要做的事。結果最後他相信，唯有整夜不睡覺，才能做大事。

他對優越感的渴求，後來表現在對待家人的態度，以及待人處事的作風。他認為沒有一個家人比他強，總以征服者之姿出現在他們面前。想當然爾，他的妻兒飽受這種行為模式的折磨。

總結此人的個性，我們可以說他有一個充滿優越感的目標，而當一個人的自卑感很強烈時，便會立下這樣的目標。過度緊繃的人亦然。緊張是一種信號，顯示他們懷疑自己的成就；但是在現實生活中，他們反而會以高姿態出現，也就是用優越情結來掩蓋這份自我懷疑。故而，研究早期記憶，便能使真相原形畢露。

研究早期記憶，便能使真相原形畢露。

A study of old remembrances reveals the situation in its true light.

第六講 態度與行動

Attitudes and Movements

態度、姿態、動作，恍如鏡子一般，真實映射出潛藏的人生風格。

6

在上一講中，我們詳細論述如何利用早期記憶與幻想來揭示個體隱性的人生風格。我們有一整套方法可以用在人格研究之上，探索早期記憶只是其中一項。所有方法的基礎都基於同一個原則：彙整各個獨立的部分，以解讀整體。除了早期記憶之外，我們也可以觀察動作和姿態。動作可能清楚**外顯**，也可能深植於姿態當中，不同的姿態表現了一個人的整體人生態度，整體態度則構成了人生風格。

先來談談肢體動作。我們都會藉由檢視一個人站立、行走、移動、自我表達等各種姿態，去判斷對方是什麼樣的人；不見得會刻意評斷，但這些印象勢必會引發我們的好感或反感。

就讓我們以站姿為例，來看看不同的姿態。不管面對的是孩子或成人，我們第一時間就會注意對方究竟是抬頭挺胸，還是彎腰駝背，而誇大的姿勢都需格外留意。當一個人站得直挺挺，如電線桿一般，我們不禁會想他到底是費了多大力氣來維持這樣的姿勢。我們也可假設此人內心並不相信自己如外在表現出色。從這個小細節就能看出姿態是如何像鏡子一般映射出所謂的優越情結。他希望在眾人面前表現得更勇敢——他希望能盡其所能地展現自我，可惜卻因太過緊張而事與願違。

另一方面，有些人的姿態則完全相反：永遠都是彎腰駝背的模樣。這種姿勢某種程度上暗示著他們膽小怕事。但不管是從感性或理性面來說，做出任何評價、判斷時都務必慎重，不可只憑單點評定，應該考量其他因素。有時即使我們覺得自己的想法八九不離十，但仍會希望有更多佐證。故我們應該自問：「彎腰駝背的人一定是膽小鬼，這樣判斷對嗎？他們在逆境下會有哪些表現？」

現在從另一個角度來檢視上述的心理與肢體動作關係。我們注意到彎腰駝背的人隨時都想找到能倚靠的東西，像是靠著桌椅站著。這種人並不信任自己的力量，只希望隨時都有支撐點。這種「找東西靠著」的站姿，與「彎腰駝背」的站姿一樣，都反映出同一種心理態度。目前至少已有兩種姿勢多少能證明我們的論點了。

我們也發現，老是尋求依靠的孩子表現於外的姿勢，和獨立性強的孩子很不一樣。透過觀察孩子的站姿以及他們與別人交流時的態度，可以判讀孩子獨立的程度。看到這些姿態、態度時，毋須懷疑自己的判斷，因為還有很多機會能證明結論的真偽。一旦印證為真之後，我們便能採取必要的措施來進行補救，幫助孩子走回正軌。

接下來，我們以一個老是尋求依靠的孩子為對象來做個實驗。我們先請孩子的母親坐在椅子上後，再讓孩子走進房間。結果發現，孩子誰都不看，直直朝母親走去，然後不是靠在椅子上，就是自己母親身上。這個實驗再次證明了我們的假設：這個孩子只想尋求外來的支援與依靠。

注意孩子與人交往的態度也很有趣，因為這個面向展現了其社會興趣與社會適應的程度，也反映出孩子對他人的信賴度。一個不喜歡接近他人、總是遠離人群的孩子，不論處理任何事情都會採取保守的態度。這樣的孩子不多話，而且異常沉默。

由此可見，人的種種態度、行為，都指向同一個重點，因為人是一個整體，會以同樣的方式來回應人生中的種種問題。為了便於說明，且讓我們以一個去尋求醫生治療的女性為例。醫生開口請她坐下時，原以為她會坐在附近。沒想到，她環顧四周後，卻選定了一把最遠的椅子。針對這種行為，我們只能得出一個結論，那就是她不想和丈夫以外的人建立關係。她一開口就說她已婚，從這一點便能猜出她只想和丈夫有關係，也能推論她希望得到丈夫的寵愛，是那種會要求丈夫準時回家的妻子。一旦落單，她就會深感焦慮，所以她不希望獨自一人出門，但更不喜歡與丈夫以外的人碰面。簡而言之，從「選擇位置」這個單一行為，我們就可以拼湊出她整個人生的梗概。不過，當然還有其他方法可以驗證我們的理論。

如果她說出：「我現在非常焦慮不安。」除非聽者知道有人會把焦慮當成控制他人的武器，不然肯定不懂這句話背後的含意。不論大人或小孩，如果有人為焦慮所苦，我們就可以推測他們的身邊一定有個時時支持他們的人。

有對夫婦堅稱自己是自由思想家（free thinker），他們相信，每個人都可以在婚姻裡隨心所欲，只要彼此坦誠以對即可。結果做丈夫的有了婚外情，也一五一十對妻子和盤托出；妻子看似很滿意先生如此誠實，但後來卻開始感到焦慮。她變得不願獨自外出，要求丈夫一定要同行。這對夫婦讓我們目睹了焦慮或恐慌會如何改變自由思想。

有些人總是緊靠著牆、躲在家中的一角。這種行為顯示出他們缺乏勇氣，不夠獨立。接著來分析這種膽小猶疑的人有什麼樣的人生原型。有個男孩在學校裡非常害羞；這是一個很重要的信號，表示他不想和其他人交流。他沒有朋友，總是盼著放學。他的動作很慢、上下樓梯總是緊貼著牆，走路時一定低頭看著路面，但放學後卻會飛也似地跑回家。他在學校裡不是好學生，事實上，他的成績與表現都很差。而這一切都是因為他在學校裡一點也不快樂，只想回家找媽媽；他的母親是個體弱的寡婦，非常寵愛他。

為了更了解這名男孩的情況，醫生與他母親詳談了一番。醫生問道：「他會乖乖上床睡覺嗎？」母親答道：「會啊。」「他夜裡會哭鬧嗎？」「不會。」「他會尿床嗎？」「不會。」

醫生心想，如果不是他弄錯了，就是那個男孩有什麼問題。他推論男孩一定是跟媽媽一起睡。醫生怎麼會做出這個結論呢？事情是這樣的，睡覺前會哭鬧的小孩只是想引起母親的注意，但男孩若是睡在媽媽身旁，就沒有必要哭鬧了。同理可證，小孩會尿床，同樣也是為了引起母親的關注。後來，醫生的結論證實為真：那個男孩的確和母親同睡。

如果我們仔細觀察，就會看到心理醫師所關注的這些枝微細節的小事，其實都包含在一套始終如一的人生規劃（即人生風格）裡，都是其中的一小部分。因此，當我們發現這個孩子的目標（我要和媽媽緊緊相依、永不分離）時，就能推論出許多重要的結論。利用這種方法，我們可以知道一個孩子的智商是否真的很低。智商低的孩子絕對無法想出這種聰明的人生規劃。

我們接著來探討一下各種不同的心態。有的人或多或少有點好鬥，有的人很容易就會退縮逃避。不過，我們不曾看過有人真的棄一切於不顧。人不可能做到完全放棄，因為這不符合人性。正常的人是不會放棄的。如果一個人看起來什麼都不要了，意味著未來還有更艱苦的考驗等著他，絕對無法輕鬆就此解脫。

但有一種小孩卻是動不動就想放棄；這類孩子通常是家庭關注的焦點。每個人都必須關心他，不斷地勸誡他，驅使他繼續前進。他的人生中少不了幫他的人，他也永遠都是別人的負擔。但這就是他充滿優越感的目標：他用放棄來表達想要主宰他人的欲望。就像我們之前談過的，這種充滿優越感的目標必是自卑情結造成的結果。如果他對自己的力量毫無疑問的話，就不會便宜行事，用這種方式來達成目的。

有個十七歲的男孩正好可以說明這種特質。他是家中長子。先前也跟各位談過，弟弟、妹妹出生後就會取代老大的地位，變成整個家庭的中心所在；對老大而言，就像是歷經了一場悲劇。這個男孩也不例外，他長大後變得消沉乖戾，找不到工作，甚至企圖自殺。而在自殺未遂不久後，他就醫時提及自己在自殺前做了一個夢——他夢到自己開槍打死了父親。由此可推論，這個孩子即使鬱鬱寡歡、懶惰成性、無所作為，但大腦一直有在運作、想像自己做了哪些事。我們也發現，不論是在校表現懶散的孩子，或是成事不足敗事有餘的懶惰大人，都瀕臨危險的邊緣。懶散往往只是一種表象，一旦壞事發生，我們就會看到這些人意圖自殺、精神失常或崩潰。即便藉助科學之力，要釐清這種人的心態也非常不容易。

害羞之於孩子，同樣隱含著重大危機。我們一定要好好對待害羞的孩子，也務必在童年時期就導正他們，否則會毀了他們的一生。如果改不了羞怯的個性，孩子日後的人生將會荊棘芒刺滿布。因為人類的文化已經根深蒂固地認定，唯有勇敢的人才能成功，才能享有人生的優勢。一個人如果勇敢，失敗時受傷也不會太重，但羞怯的人一旦面臨困難險阻，就會想辦法躲進人生的無用面向裡去。從小生性羞怯而一直未獲改善的孩子，長大後很容易罹患精神疾病或精神失常。

羞怯的人總是一副畏首畏尾的樣子，和別人相處時也常結結巴巴，或是不太說話，更甚者會完全不跟人來往。

以上述及的人格特質都是心理態度（mental attitude），既非天生，也與遺傳無關，只是人對某種情境的回應（反應）。每一種特定的人格特質，都是人的統覺系統在遭遇問題時，人生風格所做出的回應與解答。當然，這種回應不見得會如哲學家所預期的具有邏輯性，而是每個人透過兒時經驗與錯誤的磨練後而做出的回應。

與正常成人相比，在小孩或人格異常者身上更能看清楚這些心理態度的作用，以及其形成過程。就像之前所述，人生原型階段的人生風格，遠比日後更清晰、單純。事實上，我們或許可以把人生原型的作用比喻為尚未成熟的水果，它會吸收肥料、水分、養分和空氣，在逐步成熟的過程中慢慢消化。人生原型和人生風格的差異，就好似青澀的果子與熟成的水果。在人生青澀階段，比較容易開啟、檢視，但這個時候看到的雛型，大致上已足以預測成熟時的情形。

比方說，從小膽小畏縮的孩子，我們可以從他的一切態度中，看出他是如何展現出這一面的。這個世界事事都講求差異，所以會把膽小懦弱的孩子和爭強好勝的孩子區分開來。爭強好勝的孩子一定具備某種程度的勇氣；這股勇氣即是常識的自然產物。然而，就算是非常懦弱的孩子，有時在某些情境下也會表現得像個英雄；只要他有意爭第

一、強出頭，就會一鼓作氣。有個不會游泳的男孩便是很好的例子。有一天，幾個男孩邀他一起去游泳，他答應了。水很深，這個男孩因不諳水性而差點溺斃。這當然不是真正的勇氣，而且這種假性勇氣屬於人生無用的那一面。男孩不會游泳卻偏要游泳，只因他想受人崇拜。他忽略了自己身處的險境，指望有人來救他一命。

從心理學上來說，一個人是勇敢還是溫順，和相不相信宿命（predestination），有著密切關係。一個人的宿命觀，會影響到他有沒有能力採取有益行動。有優越感的人，覺得自己無所不知、無所不能，因此不屑學習。我們都很清楚這種想法會落得何種下場。抱持這種想法的孩子，在校成績通常很差，其中有些孩子甚至會做出危險舉動：他們覺得自己絕不會出事，也絕不會失敗，但結果證實物極必反。

根據觀察，當人們大難臨頭而能全身而退時，就會萌生這股宿命感。舉例來說，人們如果經歷了一場嚴重意外卻能安全生還的話，就會覺得自己注定要完成更宏大的目標。有位男子大難不死後就抱持這種想法，但歷經一次完全出乎意料的痛苦經驗之後，他喪失了勇氣，變得憂鬱喪志，因為支持他最重要的信念瓦解了。

當我們請他回想早期記憶時，他提到了一次重要經驗。有一次，他在前往維也納一家劇院看戲之前，先繞去了別的地方。等他抵達劇院，那裡已經付之一炬。劇院全燒光了，而他卻能幸運逃過一劫；據此可以理解為什麼這個人自覺他命中注定要去完成更高遠的理想。此後一切也都很順利，直到他與妻子的感情出現裂痕。最後，他整個人都崩潰了。

關於宿命論者的重要性，有很多值得探討之處。它影響了全體人類、文明，也影響了每一個個體，但就心理學家的角度而言，我們在此只想點出宿命論與心理活動、人生風格源頭之間的關聯性。從許多方面看來，人會相信宿命其實是出於怯懦的逃避，因為相信宿命就可以不必在有益的人生方向孜孜矻矻。基於上述理由，宿命論信念只是一種虛假的精神支柱。

從許多方面看來，人會相信宿命其實是出於怯懦的逃避，因為相信宿命就可以不必在有益的人生方向孜孜矻矻。基於上述理由，宿命論信念只是一種虛假的精神支柱

The belief in predestination is in many ways a cowardly escape from the task of striving and building up activity along the useful line. For that reason it will prove a false support.

經濟新潮社
多巴胺國度
在縱慾年代找到身心平衡
安娜・蘭布克醫師｜著
Dr. Anna Lembke
鄭煥昇｜譯
DOPAMINE NATION
FINDING BALANCE IN THE AGE OF INDULGENCE
美國暢銷20萬本
成功戒癮的經典
BLOG
FACEBOOK
多巴胺國度
在縱慾年代找到身心平衡
美國暢銷20萬本・成功戒癮的經典之作
揭露人們在慾望國度中的瘋狂歷險、
所付出的代價，以及，如何平安歸來。
成癮的爽、戒癮的痛，爽痛之間該如何取得平衡？
沈政男、蔡振家、蔡宇哲｜一致推薦
作者｜安娜・蘭布克醫師　譯者｜鄭煥昇　定價｜450元

了解總體經濟的第一本書（經典紀念版）：
想要看懂全球經濟變化，你必須懂這些

作者｜大衛．莫斯
譯者｜高翠霜
定價｜360元

贏家的詛咒（經典紀念版）：
不理性的行為，如何影響決策？

作者｜理查．塞勒
譯者｜高翠霜
定價｜480元

決戰庫存：
連結客戶與供應商，一本談供應鏈管理的小說

作者｜程曉華
定價｜480元

重新認識庫存及供應鏈管理——企業健全營運的關鍵。

從庫存管理到供應鏈管理，是製造業的「重中之重」，你的庫存周轉率高，才能夠健健康康地賺錢。例如在電子製造業，產品已經像「快時尚」一樣，一兩年或幾個月就會過期，庫存管理太重要了！很多公司都是死在庫存上。

本書以故事與對話的形式，從管理的角度，深入淺出說明了供應鏈與庫存管理的流程與控制點，勾勒出一般製造業面對的種種現實問題，確實令人大開眼界、醍醐灌頂！

圖解豐田生產方式
（暢銷紀念版）

作者｜豐田生產方式研究會
譯者｜周姚君
定價｜350元

超簡單！ TOYOTA 成功祕訣完全透視

豐田汽車成立至今八十多年，即將邁向「百年豐田」，在全球的銷量、品質仍居於領先地位！究竟，豐田成功的祕訣在哪裡？

豐田生產方式的兩大支柱就是「剛好及時」與「自働化」。在必要的時間，生產必要的物品，而且只生產必要的數量，藉此徹底剔除浪費。

本書以深入淺出的專業筆觸，搭配生動且清楚的圖示，不論您是豐田生產方式的專家、學習者，或只是想要多了解一點，只要您渴望自己的企業能達到豐田的成就，本書都能為您帶來致勝的果實。

會影響我們與同儕之間關係的基本心理態度之一是羨慕。羨慕，是自卑感的一種表現。確實，每一個人的個性中多少都帶著一點羨慕。少量的羨慕心態實屬平常，而且完全無害。但我們必須讓羨慕變得有用。如果羨慕能讓人做出成果，讓人繼續向前邁進，讓人面對問題，羨慕便是有益的。因此，對於每個人心裡都有的一絲羨慕之情，我們應該寬容待之。

另一方面，忌妒卻是更棘手也更危險的心態。因為不管採取任何方式或手段，忌妒都是毫無用處與益處的，一個心懷忌妒的人永遠不會成為有用的人。

此外，忌妒亦是嚴重深層自卑感的產物之一。善妒的人害怕自己沒有能力掌握身邊的伴侶。當他們想以某種方式來影響伴侶時，忌妒的表現反而透露出他們脆弱的一面。如果我們檢視這種人的人生原型，將會發現他們具有一種「被剝奪感」。事實上，遇到善妒的人時，我們應該回顧剖析他們的過去，判斷我們是不是要和一個曾經失寵、且預期自己將再度失寵的人來往。

一個心懷忌妒的人永遠不會成為有用的人。
忌妒亦是嚴重深層自卑感的產物之一。

There is no single way in which a jealous person can be useful.
[W]e see in jealousy the result of a great and deep feeling of inferiority.

討論過羨慕與忌妒的一般性問題後，我們進一步來探討一種非常特殊的羨慕心態——女性對於男性優越社會地位的羨慕之情。我們發現有許多女孩與女人都想變成男性。這種心態其實很好理解。如果我們以公正的眼光來看，就會發現在人類文化中，男性永遠都居於領先地位；男性總是比女性更受讚賞、重視與尊重。從道德上來說，這種情況是不對的，必須加以修正。當今的女性也發現，男性在家裡更輕鬆自在，不用為了小事煩心；男性在許多方面來說，都比女性擁有更多的自由。而這種男尊女卑所造成的結果，使得女性對自己的角色感到不滿，因此女性開始模仿男性的各種行為舉措，比方說，我們會看到女性嘗試男生的穿著打扮，有時她們的父母也會表示支持，因為男裝更為舒適方便。許多這類的行為都屬有益，毋須加以阻撓，但有一些態度則毫無益處，例如女性捨棄女性名，改取男性名。如果別人不用她們選用的男性名字稱呼她們，這些女性就會發怒。如果這樣的態度反映的是內心深處的某些想法，而非胡鬧惡作劇那麼簡單的話，將會非常危險。這些女性在日後的人生中會對自己的性別角色極為不滿，並厭惡婚姻。即使她們嫁作人婦，也會嫌惡女性在婚姻中所扮演的角色。

對於愛穿短裙的女性，我們不應挑她們的毛病，因為這樣的打扮是一大優勢。這樣的女性在許多方面的發展跟男性沒有兩樣。她們就算做的是可與男性平起平坐的工作，也再正常不過了。不過，女性如果對自己的性別不滿，而試著染上男性固有的惡習，那可就危險了。

這種危險傾向會在青春期出現。青春期正是人生原型會遭到破壞的時期。不成熟的少女心態會轉換成對男性特權的忌妒，並透過亟欲模仿男性行為而表現出來。這是一種優越情結，亦是一種對正常發展的逃避。

就像先前所述，對性別角色的不滿可能導致女性對愛情與婚姻產生極深的厭惡感。不過，厭惡戀愛和婚姻的女性不見得就不想結婚；在我們的社會中，不結婚會被視為失敗的象徵。即便對婚姻沒有興趣的女性，也是想結婚的。[1]

如果我們認同平等原則是規範性別關係的基礎，就不應鼓勵女性進行「男性抗議」（Masculine Protest，又譯「男性欽羨」）。兩性平等必須因應自然規律，女性對男性的抗議是一種對現實的盲目反抗，也是一種優越情結。事實上，這種對男性的抗議會干擾、影響性功能的正常運作，導致各種嚴重的症狀。如果我們回溯追蹤她們過去的生活，將會發現這一切都始於童年時期。

雖然想變成男孩的女孩比較常見[2]，但我們還是碰過想成為女孩的男孩。這種男孩模仿的不是一般女孩，而是會和別人高調打情罵俏的女孩。這類男孩會抹粉戴花，行為舉止彷彿輕佻女子，而這也是一種優越情結。

我們發現，這類男孩中有很多人生長於女性主導的家庭。因此，男孩在成長過程中模仿的是母親的特質，而非父親。

有個男孩因性方面的問題前來接受心理諮商。他說自己一直都與母親相依為命，父親在家中基本上並不存在。他的母親婚前是裁縫師，婚後也繼續做這一行。這個男孩總是跟在母親身邊，對她所做的工作甚感興趣，因此開始縫衣服、畫女裝設計圖等。他四歲就會看時間了，因為母親總是四點出門、五點回家。從這一點可推論出，男孩總是注意著母親的一舉一動。由於他很盼望母親返家，因此學會了看時鐘。

等到開始上學後，他的行為舉止都很像女孩，而且不參加任何體育活動或比賽。其他男孩常常開他玩笑，甚至故意親吻他，與他類似的個案大都會有這種遭遇。有一天，

---

12 編註：本書最早於一九二七年出版，故部分陳述與現代觀念有所落差。

學校要演戲，可以想見這個男孩被分配到女孩的角色。他演得很好，許多觀眾都真的以為他是女孩子，有個男性觀眾甚至愛上了他。這個男孩因而發現，他扮演男性角色時不獲認同，但扮演女性時卻大受好評。這便是造成他日後在性別認同上產生問題的起因。

動作可能清楚外顯，也可能深植於姿態當中，不同的姿態表現了一個人的整體人生態度，整體態度則構成了人生風格。

The movements themselves are expressed or embedded in attitudes, and the attitudes are an expression of that whole attitude to life which constitutes what we call the style of life.

第七講 夢與夢的解析

Dreams and Their Interpretation

為什麼有人從不做夢？
為什麼人會重複做一樣的夢？
為什麼夢境往往很難解釋？

7

如同我們先前所解釋的，就個體心理學來說，意識與無意識構成了一個單一的整體。在前兩講中，我們以個人作為整體，來解讀意識面向的記憶、態度以及行動。現在則要將同樣的解讀方法用在無意識或半意識的人生面向，意即「夢境人生」。我們之所以使用同一套方法，是因為夢境也是整體的一部分，和清醒時的狀態相較之下，兩者比例相當。其他心理學派的追隨者一直努力想找出關於夢境的新觀點，但是人對於夢境和所有整體心理活動（體現在表情與行動上）的理解，都遵循著同樣的路線發展。

我們先前談過，充滿優越感的目標會決定一個人清醒時的人生，而這個目標一樣也會決定夢境。夢境必是人生風格的一部分，而夢境與人生原型也互有關連。事實上，你必須先理解人生原型與某個特定夢境之間的關係，才能確定自己全然理解這個夢。同樣的，如果你很了解某個人，十之八九可以猜出他的夢境具有哪些特色。

整體來說，人類都是懦弱的。從這個一般事實（general fact）出發，我們可以預測大部分的夢境都與恐懼、危險或焦慮有關。因此，如果我們很了解某個人，知道他的目標是逃避人生的問題，即可推論那人常會夢到自己跌倒。這樣的夢就像是在警告他：「別繼續往前走了，不然你會一敗塗地。」做夢的人用「跌倒」來表達自己對未來的看法。事實上，絕大部分的人都做過「跌倒」的夢。

學生在考試前一天晚上所做的夢便是具體例證。我們認識一名動不動就輕言放棄的學生，他的所作所為都是可預測的：考試前一天，他一定會整天憂心忡忡，無法專心讀書，最後則會自我安慰：「準備考試的時間太短了。」他內心希望考試延期；他做的夢也一定跟「跌倒」有關。這反映了他的人生風格；他必須做這種夢，才能（在夢中）達成他的目標。

現在來看看另一名學生的例子。這名學生在學習過程中有了長足的進步，於是培養出勇氣，不再害怕，也從來不找藉口。我們也可以猜到他會做什麼樣的夢。考試之前，他會夢到自己去爬一座高山，登頂後欣賞到的美景讓他讚嘆不已時，他就醒來了。這反映的是他目前的人生，從夢裡也可看出他想追求的目標。

此外，還有一個學生則是能力有限，只能進步到某種程度。這種人的夢境會和「限制」有關，夢到自己無法逃離人群與困境，在夢裡也常常被人追逐、獵殺。

繼續討論其他類型的夢境之前，我們要先重申，就算個案的說法是：「我沒辦法告訴你我做了什麼夢，因為我一個夢都記不得了。不過，我倒是可以編一些夢出來。」心理學家也不會氣餒。因為我們心理學家知道，幻想並非憑空捏造的，而是操之於一個人的人生風格。不論是捏造的夢或真實記得的夢，都一樣有意義，因為想像、幻想也會表達出某人的人生風格。

為了表現人生風格，幻想不一定要複製當事人實際的行動。比方說，我們會發現有一種人的人生以幻想成分居多。這種人在現實世界中膽小怕事，在夢裡就非常勇敢。但我們總能找出一些蛛絲馬跡，顯示出此人其實並不想克服萬難完成手邊的任務。就算是在他大無畏的夢境裡，也有類似跡象可循。

夢境的目的，必是鋪好路以備當事人完成充滿優越感的目標。舉凡症狀、動作和夢境，對人而言都屬於訓練方式的一種，能帶領人們找出「主要的目標」（dominating goal），例如成為萬眾矚目的焦點、作威作福，或是逃避。

夢境在表達其目的時，既不合邏輯，也不真實。夢境的存在，是為了引發某種感受、心情或情緒。想完全揭開夢境的隱晦面紗，並無可能。不過（在這一點上），夢境和清醒時的人生、行動只有程度之差，而非分屬不同類別。一個人的內心會如何回答人生的問題，和他的人生計畫（scheme of life）有關，不過計畫的答案並不符合預設的邏輯框架；因此為了促進當事人與社會互動，我們的目標必須不斷琢磨，促使這些答案能逐漸符合此框架。一旦我們不再用絕對的觀點來看待清醒時的人生，夢境就不再神祕。其實，夢境不過是進一步表現清醒人生中也有的相對性，以及事實與情緒的組合。

綜觀歷史，原始人類認為夢境十分神祕，他們通常會透過預言的方式來解讀夢境。一般人都認為夢境可以預示未來會發生的事；但這種說法只對了一半。夢境確實是一座橋梁，把做夢者遭遇的問題和他想達成的目標串連起來。從這個觀點來說，夢境常常成真，因為做夢的人在夢中也在自我磨練，做足準備，只等待夢境應驗。

換句話說，各種事物之間互相連結的關係，在夢境或清醒時的人生都是一樣的。如果一個人敏銳而睿智，無論他分析的是自己的清醒人生還是夢境人生，都可以預見未來。他所做的分析就是一種診斷。比方說，如果有人夢到某個熟人過世，而對方後來也真的過世了，但這不代表他的預知能力比醫師或對方的近親還要厲害。這其實意味著，相較於清醒之時，做夢者反而較常在睡覺時思考事情。

因為夢境的一半是事實，如果把夢當作預言看待，就叫做迷信。一般來說，同時有其他迷信的人才會堅持「夢是預言」這種想法。不過，想藉由營造預言家形象來拉抬地位的人，也會支持此想法。

為了打破「夢是預言」這種迷信，並抹去夢境的神祕感，我們必須解釋為何多數人都無法理解自己的夢。原因很簡單，因為即便是清醒時也很少有人能真正了解自己。很少人擁有找出前進方向的自我反省剖析能力，而且就像我們之前提過的，分析夢境是比分析清醒行為更複雜、困難的任務。無怪乎，分析夢境並非多數人能力所及之事；也無怪乎，大多數人會因不知道夢境指涉的意義，而求助於江湖術士。

為何多數人都無法理解自己的夢。原因很簡單，因為即便是清醒時也很少有人能真正了解自己。

...why most people do not understand their own dreams. The explanation is to be found in the fact that few people know themselves even in waking life.

如果我們把夢境的邏輯，與相信私人道理的特定人士相比（詳見第二講、第三講），而不要直接和正常人清醒時的行動比較，將有助於我們釐清夢境的邏輯性。請讀者們回想與罪犯、問題兒童與精神病患的態度有關的敘述：他們會創造出某種感受、脾氣或心情，以說服自己相信某些事。像是謀殺犯會替自己辯駁：「這個人不見容於世界，所以我必須殺了他。」由於犯人內心一直強調這個世界容不下被害者，而創造出某種感受，終而埋下殺機。

這種人也可能合理化自己的行為：別人有漂亮的長褲，可是我卻沒有。將個人的價值觀放到了所遭遇的情境裡，因而產生了羨慕的心理。他們追求的優越感目標變成擁有一條漂亮的長褲。我們或許會發現，他做了一個夢引發了某種情緒，引導他完成這個目標。事實上，研究知名人士的夢境便能看到許多類似的例子。比方說，《聖經》裡的約瑟（Joseph）夢到萬事萬物都在他面前下跪。而這個夢很契合現實：在現實中，約瑟的父親特地為他做了一件彩衣，兄弟們則排擠他。[1]

另一個知名例子是古希臘詩人西莫尼德斯（Simonides）所做的夢。他受邀到小亞細亞（Asia Minor，即今日土耳其安納托利亞）演講，內心卻非常猶豫，即使船隻已在港口等他，還是不斷把旅程延後。友人試圖催促他動身，卻都無功而返。後來他做了一個夢：碰到一位亡者出現在他面前，該亡者是他從前在森林裡遇過的人。亡者對他說：「你很虔誠，而且你在森林時很照顧我，所以我前來警告你千萬別去小亞細亞。」西莫尼斯德起床後便說：「我不去了。」然而，西莫尼德斯在做此夢之前早就傾向不要去了。他只是創造出某種感受或情緒，替他已經做出的結論背書，只不過他並不了解自己的夢境。

真正了解夢境的人，就會明瞭這一點：人創造出某種幻想的目的是為了自我欺騙，而自欺又會在當事人身上引發他所期待的感受或情緒。通常這就是我們對於夢境的記憶。

細想西莫尼德斯的夢，我們也碰到了一個問題：解讀夢境的程序是什麼？首先請各位謹記一點：夢，是個人創造力的一部分。西莫尼德斯在做夢時，運用了他的幻想，並

1譯註：《聖經》創世紀第三十七章紀載，約瑟為雅各（Jacob）年老時所生，因此雅各鍾愛約瑟，替他做了一件彩衣，而兄弟們因為父親偏愛約瑟，而紛紛排擠他。

建立了一個先後順序。他選擇一位亡者作為引子。為什麼這位詩人在眾多經驗中挑選了和亡者有關的故事？顯然是因為他很在意死亡這件事，其實每當他想到要搭船就會恐懼不已。在當時，走海路確實很危險，因此他遲疑了。這是一個信號，代表他害怕的不僅是暈船，也擔心可能會沉船。由於死亡的念頭已先入為主縈繞他的心頭，因此他的夢境選擇了一段與亡者有關的故事。

如果我們用這種方式來思考夢境，夢的解析就不那麼困難了。我們應牢記，夢境所選擇的畫面、記憶和幻想，在在都指向做夢者心之所向。夢境能告訴你做夢的人有哪些傾向，最終我們就能看到他想要達成的目標。

接著來看一個已婚男人的夢境。此人不太滿意自己的家庭生活，他有兩個孩子，但他一直很擔心妻子太過沉迷於其他事務，沒有好好照顧孩子。他以此為理由不斷批評妻子，並試著改造她。有一天晚上，他夢見自己有了第三個小孩，但老三走丟後就此失蹤。他為此責備妻子沒有看好孩子。

從這個夢能看出這名男子的傾向：他心裡一直認為兩個孩子會走失，但他沒有勇氣讓其中一個孩子出現在夢中。因此，他「發明」了第三個孩子，並讓這個孩子走失。

我們還可以觀察到另一件事，就是男子很愛孩子們，不希望他們走失。他也覺得妻子照顧兩個孩子已經分身乏術了，遑論同時照顧三個孩子，因此第三個孩子一定會消失不見。由此可發現並解析這個夢的另一個面向——這個男人正在考慮：「我應不應該生第三個孩子？」

這個夢境造成的實際結果是，男子對妻子產生反感。現實中並沒有任何孩子走失，但他早上一起床就開始批評妻子，對妻子心生厭惡。常有人因為做夢引發某種情緒，因此一大早就想找人吵架，百般挑剔。這有點像是精神中毒，和憂鬱症患者會出現的徵狀差不多；憂鬱症患者會用失敗、死亡、失去一切等想法來自我戕害。

我們也發現，此人選擇的是他絕對會覺得優越的事物，比方說他認為：「我很小心照顧孩子們，但我的妻子卻很粗心大意，害得一個孩子不見了。」他的支配傾向也在夢中表露無疑。

夢境所選擇的畫面、記憶和幻想，在在都指向做夢者心之所向。

We should remember that the selection of pictures, remembrances and fancies is an indication of the direction in which the mind is moving.

現代夢境解析理論已有近二十五年歷史[2]。佛洛伊德最初提出，夢境是滿足幼兒時期的性渴望，但我們個體心理學家無法認同這個論點。如果說夢境是一種滿足，那麼每件事都可說是一種滿足：每一種概念，都是從潛意識深處浮出，來到意識層面。因此，性滿足（sex fulfillment）的說法根本沒有提出任何解釋。

後來佛洛依德認為，夢境也牽涉到死亡的渴望。這套說法顯然無法解釋前述最後一個夢境，因為我們不能說那個做父親的希望孩子走失並且死亡。

事實是，除了之前提過的一般性假設（postulates），如精神生活統一性和夢境人生的特殊情感性之外，解夢是沒有公式可循的。夢境的情感特性，及伴隨它而來的自我欺騙是一種具有多種變形的主題。因此，夢境在表現上充滿著比較和比喻。利用比較，是自欺與欺人最佳的途徑之一。可以確定的是，如果一個人使用比較法，那是因為他不確定是否能用事實和邏輯來說服你，故改以無用、牽強的比較來影響你。

連詩人也在哄騙世人，只不過用的是一種讓人愉悅的方式，而我們也樂於欣賞他們

---

2 譯註：本書最早於一九二七年出版。

的比喻和充滿詩意的比較。我們都該知道，詩人是有意地想要影響我們，並希望感染的力道能超越尋常的語言文字。舉例來說，假設希臘詩人荷馬（Homer）寫道：「希臘士兵如雄獅一般奔過原野。」我們認真思考的話，就會發現這樣的比喻其實是騙人的。不過我們若能帶著詩意的心情，這些文字確實叫人陶醉讚嘆。詩人讓我們相信他們擁有這種偉大的力量。如果他們只是平鋪直敘地描述士兵的穿著或武器，文字就只是文字而已。

一個人自知無法把話說清楚、講明白時，也會另尋他法：說服不了他人時，就用比較法。如我們剛剛提過的，使用比較法是一種自我欺騙的方式，正因如此，夢境在選擇畫面、影像時，會大量使用比較。這是深具藝術性的自我陶醉手法。

說也奇怪，夢境能讓人陶醉，但這一點同時也是妨礙夢境出現的因素。一個人如果能理解夢境的主旨，明白自己只不過是在自我陶醉，就不會再做夢了，因為即使做夢也無法達成目的。至少，筆者本人便是如此；當我明白夢境的意義之後，從此就不再做夢了。

附帶一提，做夢者對夢境的理解若要發揮作用，當事人必須歷經情感的徹底轉變。且讓我以自己的最後一個夢境為例詳加說明。當時時值第一次世界大戰爆發，出於職責，我必須竭盡全力保護一個人，不讓他被派到危險的前線。在夢中，我意識到我殺了人，卻不知那人是誰而懊惱不已，一直自問：「我到底殺了誰？」真實情況是，我一心只想著必須盡最大努力讓那名士兵逃過一死，深陷此想法而不可自拔。夢裡的情緒有助於增強此想法，但是當我明白為何會做這個夢後，就不再做夢了。因為我已經不需要為了自我欺騙，去做這種邏輯上想做或不想做的事。

綜合以上討論，即可回答一個常見的問題：「為什麼有些人不做夢？」不做夢的人是因為不想自欺；他們往往太過在乎行動與邏輯，卻也樂意面對問題。這種人就算做夢，也很快就會忘掉夢境的內容。他們遺忘的速度極快，快到誤以為自己沒做過夢。

在此可以假定一個理論：人必會做夢，卻會忘記大多數的夢。如果我們接受這個理論，就能用另一套不同的架構來解釋為何有人從來不做夢：這些人不是不做夢，只是做了夢很快就忘了。但是我並不贊同這個論點。我相信有些人是真的從不做夢，也相信會做夢的人有時會遺忘夢境。如果以個案的性質來說，這套理論很難駁斥，但或許應交由理論的創始人負起驗證的責任。

為什麼人會重複做相同的夢？這點著實令人好奇，但至今尚無定論。不過可喜的是，在重複出現的夢境中，我們能更明確地找出人生的風格。重複的夢境是確定、絕不會出錯的指標，指出個體優越目標的所在之處。

不過，若是夢境顯得冗長而不斷延伸，代表做夢的人還沒有做好準備，還在尋找通往人生目標的橋梁。有鑑於此，最容易理解的夢仍是比較短的夢。當夢境只有一個畫面或幾句話時，顯示出做夢者實際上是想找出捷徑來欺騙自己。

現在可以透過睡眠問題來為本講的討論做個總結。很多人在睡眠這件事上替自己設下了不必要的限制。他們想像睡眠和清醒是互相牴觸的，認為睡眠是「死神的兄弟」。但這種觀點大錯特錯。睡眠與清醒並無矛盾之處，其實睡眠也是某種程度的清醒。我們睡著時並未與人生脫節，不僅會在夢中思考動腦，也聽得到外在的聲音。無論睡著、醒著，人表現出來的傾向基本上是一模一樣的。因此，街上傳來的噪音吵不醒做母親的，但只要孩子有點風吹草動，母親就會立刻跳下床察看。我們從中也可看出，母親的「關心」實際上是保持清醒的。同樣的，從人睡著後不會掉下床這一點來說，代表即便在睡夢中，人仍能意識到界限。

人不分日夜都會呈現出完整人格，據此可剖析所謂的催眠現象。一般人迷信的催眠恍如魔法一般神奇，但其實只不過是睡眠的一種而已。在催眠這種睡眠模式裡，當事人想要服從另一個人，也知道另一個人想讓他睡著。最簡單的一種催眠即是，當爸媽跟小孩說：「好了，該睡覺了！」小孩就會乖乖上床睡覺。真正催眠時也一樣，當被催眠者服從指令時，結果就出來了。一個人之所以會被催眠，部分原因在於那人生性服從。服從的程度越高，催眠的效果就越好。

在催眠的過程中，我們有機會讓人創造出他在清醒時無法想像的畫面、想法和記憶；而唯一的要求就是對方必須服從。透過催眠，我們可以找到對方過去或許已經遺忘的解決方法，譬如早期記憶。

然而，以催眠作為治療方法有其危險性。我本人並不喜歡催眠，只有在病患不信任其他療法時才會使用。我們也發現，被催眠過的人報復心理比較強。一開始他們或許可以克服自己的困境，但實際上他們並不想改變自己的人生風格。催眠就像是某種藥物或非自願的療法，無法真正觸及當事人的本性。如果真想幫助當事人的話，必須給予他們勇氣與自信，並讓他們了解自己的錯誤何在，而這些都是催眠做不到的。所以除非極特殊的案例，否則不應使用催眠。

夢，是個人創造力的一部分。

A dream is part of a person’s creative power.

第八講 問題兒童及其教育

Problem Children and Their Education

不是每個家庭都健全，所幸家庭教育不足的缺憾，可由學校來補足。而教育大計的最高原則必須與「國家理想」一致。

8

我們應該如何教育兒童？這或許是現今社會中最重要的大哉問。個體心理學在這個問題上貢獻良多。無論是家庭教育或學校教育，目的都是想引出個體的個性並加以指導。因此，心理科學為正統教育技術之本。而如果我們願意的話，應將一切教育都視為廣大生活心理藝術的分支之一。

我們先從教育的基礎談起。教育最普遍的原則必須契合個體日後注定要面對的人生。這意味者教育原則必須和國家的理想一致。如果我們不以國家理想來教育兒童，孩子在未來的人生中常會遇到層層難關，以致無法融入社會，也難以成為社會的一分子。

而國家的理想肯定是會改變的；可能是突如其來的變革，如發生革命，也可能是在演進過程中慢慢轉變。這意味著教育者必須高瞻遠矚，抱持宏大的理想。不論在什麼樣的環境條件下，只要教育當局具有遠見的宏大理想就能站穩一席之地，並能教育下一代順利適應不斷變動的環境。

學校與國家理想之間的關係，絕對取決於學校體制與政府的關係。政府會透過公權力要求學校體制體現國家理想。政府不會直接接觸學生家長或家庭，而是以政府的角色來監督學校教育。

從歷史來看，學校體制在不同時期會反映不同的理想。歐洲的學校最初是為了貴族而設，校方秉持的是貴族精神，只收貴族學生。當教會掌管教育大權後，學校變成教會學校，教師也清一色是神職人員。之後，國家更加重視知識教育，於是學校開設的科目越來越多，教師的需求量也大增。由於神職人員供不應求，因此非神職人員也可投入教職。

一直到近代[1]，大部分老師仍非專事教職，而是身兼兩職以上，像是同時當製鞋匠或裁縫師。顯而易見地，這樣的老師只會用教鞭來教育學生；而聘僱這種老師的學校不

1譯註：本書最早於一九二七年出版。

可能妥善解決兒童的心理問題。

具有現代精神的歐洲教育源自於瑞士教育家裴斯塔洛齊（Johann Heinrich Pestalozzi）[2]的時代。裴斯塔洛齊是捨棄打罵處罰、改採愛的教育的第一人。

裴斯塔洛齊的出現極具價值。多虧有他，我們才體認到教學方法的重要。除心智發展遲緩兒童以外，只要用對方法，每一個孩子都能學會讀寫、歌唱，也會算數學。但我們並不會宣稱裴斯塔洛齊倡導的教學法就是最好的，因為教學永遠都有改進的空間。不斷尋找更新、更好的教法，才是最正確也最適當的作法。

回顧歐洲學校發展史，值得一提的是，在教學技術發展到一定階段後，社會上開始需要大量具備讀寫、計算能力且不需太多指導便能獨立作業的工人。在此同時也出現了一句口號：「每個孩子都能上學去。」如今是所有孩子都能接受義務教育的時代，而教育能發展至此，都要歸功人民的經濟條件，以及對應此條件的社會理想。

過去在歐洲，唯有貴族是具有影響力的，社會也僅需要官員和勞工。只有未來準備擔任高官要職的人才能接受高等教育，一般人是不准上學的。當時的教育體系反映出當時的國家理想；而如今的教育體系，也同樣因應各種不同的國家理想。在現代學校裡，學生不必像以前一樣雙手交疊放膝上、安安靜靜、一動也不動地坐著聽課。在現代學校裡，孩子是老師的朋友。孩子不再受威權壓迫，不再被迫服從，而是可以獨立自主地發展。想當然爾，實施民主制度的美國有許多這類的學校，因為學校的發展一定會符合國家的理想，而政府是透過法規來體現國家理想的。

以學校的起源與組織架構來看，學校和國家、社會理想之間的關係是有機式的（organic，意即會成長變動的）。而從心理學觀點來看，對學校這樣的教育機構而言，這種關係是一大優勢。心理學家認為，教育的主要目的是協助學生適應社會。學校比家庭更容易給予兒童適當的引導，促進兒童社會化，因為學校比較貼近國家的要求，在評核孩童時較具公正性，而且學校不會縱容孩子。一般而言，學校會保持超然的立場與態度。

此外，社會理想不一定能深入每個家庭。「家庭教育是由傳統思維所主導。」我們

2編註：裴斯塔洛齊（1746~1827）最具有「教育愛」的學者，強調以愛作為教育的中心，被尊稱為「教育界的麥加」。

看過太多人信奉此觀念了。唯有父母本身社會適應良好，並理解教育的目的必須符合社會化，家庭教育才可能進步。只有家長明白上述情況，他們的孩子才能受到適當的教育，並做好上學的準備；而孩子在學校裡也會做足準備，好好面對自己在社會生活中的特殊位置。「讓學校作為家庭與國家的中繼站」應該是孩子在家庭、學校最理想的發展。

先前曾得出一個結論：孩子在家庭中的人生風格早在四、五歲時就已定型，無法直接予以改變。這也道出了現代學校體制應該發展的方向。學校絕對不可批評或處罰學生，應該試著型塑、教導及培養孩子發展社會興趣。現代學校不能再以壓制與審查的原則來教育下一代，而是必須致力了解並解決孩童個人的問題。

另一方面，父母子女在家庭中的關係十分緊密。父母很難按照社會需求去教育子女，而是寧願為自己而教，衍生出一種會與孩子日後生活互相衝突的傾向；讓孩子注定得面臨種種巨大的障礙，而且是一入學就必須面對。孩子離開學校進入社會後，問題只會越來越嚴重。

孩子是老師的朋友。
「讓學校作為家庭與國家的中繼站」應該是孩子在家庭、學校最理想的發展。

[T]he children are the teacher's friends.
This should be the ideal development of the child at home and in school, with the school standing midway between the family and the nation.

想改善這種情況的話，當然要先從教育家長開始，但就實務面來說並不容易，因為我們無法像教導孩子那樣去教導大人。就算我們有機會與家長談談，可能也會發現他們對國家的理想沒有太大興趣；他們堅守家庭傳統，根本不想理解社會理念。

雖然無法從家長下手，但可喜的是我們至少能廣泛宣揚社會理念，以求讓更多人理解。最好的宣傳地點正是學校。理由有三：其一，學校有大批學生；其次，比起在家裡，人生風格的錯誤在學校更容易浮出檯面；最後，為人師表者應該是最了解學生問題的人。

我們並不擔心正常的孩子，也毋須影響他們。對於發展完全且社會適應良好的孩子，最好的做法就是別壓抑他們，讓他們走自己的路。我們相信，正常的孩子在發展優越感時，會在有益面向追尋目標。而他們的優越感落在有用的面向，因此不是優越情結。

問題兒童、精神病患、罪犯等人的優越感和自卑感則都落在了生命的無用面向。這些人展現了所謂的優越情結，用來補償他們的自卑情結。如我們之前提過的，每一個人都有自卑感，但只有當自卑感讓當事人受挫到一定程度，激起他轉投人生的無用面向，才會變成自卑情結。

在孩子入學之前，自卑感與優越感的問題早已在家中生根萌芽。孩子的人生風格，四、五歲前就已在家庭裡型塑完成，意即我們所謂的人生原型，並會與成人後的人生風格產生對比。人生原型就像尚未成熟的果子，如果成熟前的某個環節出了問題，導致果子裡長了蟲；那麼，等到這顆果子長大成熟，蟲子也會越見肥大。

我們先前看過，蟲子（意即困境）會由小變大，最後演變成生理缺陷。生理缺陷給人們帶來的不便與困難，往往就是產生自卑感的來源。再重申一次，造成問題的根本原因並非器官上的缺陷，而是隨後引發的社會適應不良。而這也是教育的好機會。如能透過教育來訓練人們適應社會及自身的器官缺陷，缺陷不僅不是負債，反而可能變成資產。如先前所提，器官缺陷或許是激發出重大社會興趣的源頭，透過訓練慢慢發展，這份興趣很可能支配個體的一生；此外，如果這份興趣出現在有益面向，對個體來說更是意義重大。

生理缺陷是好是壞，取決於當事人的社會調適狀況。因此，對於只想看或聽的孩子來說，就要仰賴老師幫助他們培養興趣，善用所有感官。否則的話，這樣的孩子在發展上將會趕不上其他學生。

我們都很清楚左撇子孩子在成長過程中笨手笨腳的情況。基本上，左撇子孩子之所以笨拙，是因為沒有人意識到他是左撇子。由於他慣用左手，因此在家中一直格格不入。我們也發現，這樣的孩子不是變得好勝有衝勁（這裡指的是好的方面），就是變得消沉乖戾。如果這些孩子帶著上述問題上學去，我們會發現他們要不就是擁有旺盛的鬥志，要不就是垂頭喪氣、暴躁易怒與缺乏勇氣。

除了器官有缺陷的孩子之外，被寵壞的孩子上學後也會出現問題。基於學校的組織架構，基本上不可能有任何一個孩子永遠是目光的焦點。然而不可否認地，有些善良又心軟的老師會對某個孩子特別偏心，但隨著年級增加，孩子受寵的地位終究會不保。日後的人生只會更加嚴峻，因為文明社會普遍無法認同這種人：沒有任何作為、實蹟，卻一直成為關注焦點的人。

問題兒童都有以下明確的特性：無法妥善面對人生的問題；他們野心勃勃，想為一己之私來統治一切，卻罔顧國家社稷。此外，他們一向好爭辯，愛與人針鋒相對，但他們其實也是膽小鬼，對人生所有問題都興趣缺缺。童年時期受寵，並無益於讓他們做好準備面對生活中的種種問題。

我們在這類兒童身上也發現了其他特質：他們凡事謹慎，總是猶豫不決。人生出現問題時，他們會拖著遲遲不解決；或是事情做到一半，只要遇到問題就直接放棄，改走其他的路，因此永遠做不出名堂。

這些特質在學校會比家裡更明顯。學校就像是一場實驗或一張試紙，一個孩子能否妥善適應社會並面對問題，到了學校立刻一清二楚。錯誤的人生風格在家裡往往隱而不見，但到了學校就會無所遁形。

被寵壞的孩子與器官有缺陷的孩子都有強烈的自卑感，喪失了積極解決問題的勇氣，因此總想「排擠」人生的難題。然而，學校可以控制問題的難易度，循循善誘，讓孩子慢慢進步到勇於主動解決問題。因此，學校是我們可以真正從事教育的地方，而不只是單方面由師長來下指導棋而已。

除了上述兩種類型的孩子之外，我們也必須考慮惹人厭的孩子。惹人厭的孩子通常長得醜、常犯錯、有殘疾，沒有準備好要踏入社會，更遑論適應社會了。以這三類孩子來說，惹人厭的孩子面臨最大難題的可能性最高。

由此可知，不論師長或教育官員樂不樂意，學校都必須了解這些問題，找出因應問題的最佳方法，使之成為學校管理工作的一環。

除了前述的問題兒童之外，還有些特別聰明、被譽為「天才兒童」的孩子。有時候，他們的某些科目表現超群，很容易就顯得比其他人聰明。這樣的孩子敏銳、有企圖心，但同儕不見得喜歡他們。小孩子很容易就能看出周遭同伴是否能夠適應社會。人們會羨慕天才兒童，但不見得會喜歡他們。

我們可以理解很多天才兒童都能順利度過校園生活，但他們出了社會後卻往往沒有適當的人生規劃（即人生風格）。一旦面臨人生三大問題（社會、工作、愛情與婚姻），困境就出現了。他們在建立人生原型的階段發生了什麼事，到了這個時候便顯而易見，亦可看出不良的家庭教育對他們造成的影響。天才兒童在家中一直如魚得水、無往不利，導致他們人生風格中的錯誤難以現形。不過等到他們到了全新的環境，錯誤就無處藏身了。

有一點很值得注意，那就是詩人很了解其中錯綜複雜的關係。在詩人與劇作家的作品中，天才兒童的人生往往波濤洶湧、起伏不定。莎士比亞筆下的諾森伯蘭伯爵（Earl of Northumberland）便是一例。莎士比亞不只是大文豪，亦是心理學大師，他所刻畫的諾森伯蘭伯爵對國王十分忠誠，但真正的危機來襲時，他就背叛了國王。莎士比亞非常清楚，極艱困的環境能清楚映射出一個人真正的人生風格。然而，型塑人生風格的並非逆境；早在逆境出現之前，個體的人生風格早已成形。

個體心理學為天才兒童提供的解決方案，和問題兒童一樣。個體心理學家主張：「任何人都能有任何成就。」這條一視平等的民主箴言，斂去了天才的光芒；天才總是背負著眾人的期待，總是不斷被往前推，到頭來變得過分看重自己。認同這條箴言的人可以培育出非常聰明的孩子，而且孩子不會變得過於自負或太過野心勃勃。這些孩子清楚明白自己的成就都需歸功於訓練與好運。如果他們能持續接受適當的鍛鍊，就能完全任何一切想做的事。至於其他無法獲得有益薰陶、沒有受到良好教育與訓練的孩子，如果老師們能讓他們理解這套方法，他們也能有出色成就。

任何人都能有任何成就。

Everybody can do everything.

後面這類孩子很可能已經失去勇氣。他們需要得到保護，才有能力克服強烈的自卑感；任何人都無法長期承受自卑感的摧殘。這些孩子還沒上學之前，壓根沒有面對過這麼多困難。由此可知，他們並無法招架排山倒海而來的困境，而起了逃學的念頭，或乾脆直接休學。總之，他們堅信上學無法帶給他們希望。如果上述想法屬實，至少他們的行為還算有理且前後連貫。但個體心理學並不認同這種想法，也不相信這樣的孩子在學校就沒有希望，反而主張每一個人都能有所作為。孩子都會犯錯，但錯了可以改，改正之後便能繼續往前邁進。

然而，在一般情況下，問題兒童並沒有獲得適當的幫助與處置。每當孩子在學校遇到難題而大受打擊時，身為主要照顧者的母親通常會十分關心與焦急。也因為孩子在家中備受關愛，所以校方的通知、孩子在學校裡遭受的批評與責備等問題，就會顯得特別嚴重不堪。下列情況頗為常見：孩子因為家人寵他，而成為家人眼中的好孩子，但上學就代表必須切斷和家裡的聯繫，這時孩子心中潛伏的自卑情結就會出現，在學校變成壞學生。孩子還會開始痛恨起一直寵愛他的媽媽，覺得媽媽騙了他；因為媽媽不像在家裡一樣，一有問題發生就出面替他解決。在新情境引發的焦慮之下，孩子會忘記母親原本對他的照顧與關愛。

我們經常看到以下情況：在家裡很愛爭吵的孩子，在學校反而變得沉默冷靜，甚至到了自我壓抑的地步。他們的母親可能會跑來學校抱怨：「這孩子老是找麻煩，害我得整天看著他。」但老師對同一個孩子的形容卻是：「他整天都安安靜靜坐著，動也不動。」有時情況正好相反，媽媽會跑到學校說：「這孩子在家裡既安靜又貼心。」但老師會說：「全班被他搞得天翻地覆。」後者很容易了解，因為那孩子是家裡關注的焦點，所以在家不吵不鬧；但是當他在學校裡不再是重心，就會打架鬧事。反之亦然。

現在來看一個八歲女孩的案例，她是班長，同學都很喜歡她。但父親帶她去看醫生時說：「這孩子殘酷成性，是名副其實的暴君。全家都受不了她了。」這是怎麼一回事呢？這個女孩是弱勢家庭的長女。當弟弟（妹妹）出生時，身為老大的女孩覺得自己的地位岌岌可危，但仍希望自己能像以前一樣是家人的最愛，於是她開始使壞。而她在學校裡備受肯定，所以沒有理由激發她變壞。

有些孩子則無論在家上學，日子都不好過。家人或學校都對他們多有怨言，最後導致這些孩子犯的錯越來越多。有些孩子則是在家上學都不修邊幅。如果孩子在家裡或學校的行為一致，我們就必須從過往的事件中尋找原因。不論如何，我們都務必同時考慮孩子在家中與在學校的行為，才能判斷出真正的問題所在。如果我們要正確理解孩子的人生風格與他努力的方向，每一個部分都很重要。

有時看來適應良好的孩子，在學校碰到新情境時，也可能出現適應不良的狀況，而這樣的孩子在學校裡通常會被師長同學排斥。以歐洲一個孩子為例，他的父母富有又自傲，非貴族出身卻把孩子送進貴族學校，因此同儕都排擠他。那個孩子在家裡備受寵愛，日子過得舒服自在，忽然間卻落入了充滿敵意的環境。而同儕排擠的行為有時極其殘酷，孩子根本承受不了。但大多數個案在家裡幾乎絕口不提自己在校的遭遇，因為覺得丟臉，寧可選擇靜靜地受苦。

這樣的孩子到了十六至十八歲的階段，也就是必須像成年人那樣回應社會需求並正面迎接人生問題的時候，他們會突然停下腳步、不再有所作為，因為他們已經失去了勇氣和希望。不但出社會碰壁，他們的愛情與婚姻路也險阻重重，因為他們已經無法繼續向前邁進了。

碰到這些個案該怎麼辦？他們的精力無從發洩，他們自外於全世界，或者自覺被隔離。這類型的人會傷害自己，甚至很可能自殺，而這些作為只有一個目的——傷害別人。此外，這類人也很想消失，因此躲進了療養院。就算他們曾擁有一丁點社交能力，也早已消失殆盡。他們無法用正常的方式交談，無法接近其他人，對整個世界永遠充滿敵意。我們將這種狀態稱之為精神分裂（dementia praecox）或精神失常。想救助這樣的病患時，必須找到方法讓他們重拾勇氣。這類個案雖然棘手，卻是可以治癒的。

想治療並治癒問題兒童，端看人生風格的診斷結果。個體心理學發展出來的相關診斷方法非常值得回顧。人生風格的診斷，不但在教育實務上不可或缺，亦可運用於其他許多地方。

除了直接研究孩子在形成人生原型的階段發生了什麼事，個體心理學應用的方法還包括探知早期記憶及詢問孩子對未來職業的想像，觀察姿勢與身體動作，以及參考孩子在家中的排行。上述方法先前都討論過，但或許有必要再強調一次孩子在家中的排行，因為和其他方法相較之下，排行與教育發展的關係最為密切。

就像先前所述，孩子在家中的排行很重要，老大一度是家中的獨生子女，但弟弟妹妹出生後地位就下降了；老大曾經享有極大的權力，卻也注定會失掉權力。另一方面，排行老二、老三……老么，也決定了孩子的心理狀態。

我們往往發現，老大普遍比較保守，覺得握有權力的人應該持續掌權；失去權力都是意外所致。換言之，他們非常熱愛權力。

老二的境遇則大異其趣。他們不但不是家人關愛的焦點，還要跟早一步起跑的老大競爭。老二一直想和兄姐平起平坐。他們不承認權力，卻也希望權力易主。他們會在競爭中感受到一股向前衝的動力。這些行動在在顯示，老二的眼光永遠放在前方某處，一心想追上目標。老二會一直試圖改變科學、自然法則，堪稱真正的革命家。革命家在此並沒有政治意涵，而是用以比喻老二對社會及同儕的態度。《聖經》裡就有個很好的例子：雙生子以掃（Esau）和雅各（Jacob）。[3]

如果兄姐都長大成人後，老么才出生，幼子的地位就會跟長子很像。

從心理學的觀點來看，家中老么的地位很有意思。所謂的老么，是指沒有弟弟妹妹、在手足之間年紀永遠最小。這類孩子擁有優勢地位，因為他們永遠穩坐年紀最小的

3 譯註：雅各和以掃為雙生子，以掃為大，但以掃不愛崇拜也不愛長子的權力，後來長子權歸於雅各。

寶座。老二的地位是會變動的，有時也會跟老大一樣，歷經地位下滑的悲劇，但這種悲劇終其一生都不會發生在老么身上。老么的地位最為有利，在其他條件不變的前提下，我們發現最小的孩子發展得最好。老么如老二般充滿衝勁，既想征服他人，也想超越在前面帶頭的哥哥姐姐。但大致說來，老么的行事作風和其他手足大不相同。如果某一家都出科學家，最小的孩子卻很有可能成為音樂家或商人。如果某一家都從商，最小的孩子則可能是詩人。老么總想走出一條與眾不同的路。因為不和其他手足在同一個領域競爭而改走其他路線，會比較輕鬆。據此可知，老么喜歡跟其他家人不一樣。這顯然也是一個信號，透露出他們某種程度上缺乏勇氣；如果他們夠勇敢，就會在同一個領域一較高下。

特別值得注意的是，根據排行序所做的預測，是透過各種形式的傾向來表達的，並非絕對，也未必適用於每個人。事實上，如果老大很聰明，老二就不一定能征服他們，做兄姐的也就不會遭逢悲劇了。這樣的孩子具有良好的社會適應能力，而且他們的母親很可能引領孩子去關心別人，包括家中的新生兒。另一方面，如果次子女無法征服、追過兄姐，就得面對更大的困境，而自身也很有可能變成麻煩人物。在這種條件下成長的次子女往往會失去勇氣與希望，而成為社會中最糟的人。處於競爭環境中的孩子一定要永遠懷抱著能贏的希望，因為沒了希望，那就什麼都沒了。

獨生子女也有自己要面對的悲劇。他們在整個童年時期一直是家庭關注的焦點；他們的人生目標也一直是成為萬眾矚目的主角。獨生子女不會依照邏輯行事，而是遵循自己的人生風格。

在女性居多的家庭中，家中唯一的兒子處境會很艱難，這也揭示了一個問題：一般人通常認為這樣的男孩一定很女性化，但這種觀點有點言過其實。畢竟，教養我們的母親也是女性。不過身為萬花叢中一點綠，確實會遇到一定的困難。當我們踏進一戶人家，馬上就可以知道這一家是男孩多還是女孩多。因為男女生比例不同，家具的擺設就會不同，吵雜程度也不一樣，家中的秩序更是大不相同。家裡男孩多，遭破壞毀損的東西就比較多；女孩多，住家環境比較乾淨整齊。

在女生環伺之下長大的男孩，有些人會更努力表現得像個真男人，並誇大自己的男性特質；而有些人則很可能被姐妹同化，變得很像女生。簡而言之，這樣的男孩要嘛溫文儒雅，要嘛狂野不羈。如果是後者，必定是因為男孩不遺餘力地證明並強調自己是男性。

只有兄弟的女孩也面臨同樣的困境，這種女孩不是很安靜、女性化，就是想變得跟哥哥、弟弟一樣，兄弟做什麼，她就跟著做什麼。自卑感在這類案例中非常明顯，因為女孩是男尊女卑家庭中唯一的女性，她會覺得自己**只是**女性，而這種感受便隱含著自卑情結。「只是」一詞道盡了何謂自卑情結。當這個女孩試著打扮成男孩，長大後想擁有跟男性一樣的性關係時，就代表她發展出了一種補償性的優越情結。

我們可以用一個特殊的案例來為「排行」做個總結。該案例中的老大是男孩，老二是女孩。兩個孩子之間總是競爭激烈。妹妹不斷被迫要更上一層樓，不只因為她是老二，也因為她的性別。她接受了更多的訓練、費了更多苦勁，終於成為次子女中出類拔萃的那一型。她活力充沛、非常獨立，而哥哥也意識到在這場兄妹競賽中，兩人距離越拉越近了。我們都知道，女孩子在生理與心理上的發展都比男孩子快。以十二歲的女孩來說，不論身心都比同齡男孩成熟。哥哥眼睜睜看著這一切發生，卻無法明瞭箇中道理，因此他感到自卑，萌生放棄的念頭，後來乾脆停滯不前、不再進步，並設法開始逃避。像這樣的男孩，有的人會藉由藝術來自我逃避，有的則會罹患精神疾病、開始犯罪，甚至發瘋崩潰。原因就在於他們覺得自己不夠強大，無法繼續這場賽局。

即使我們抱持「任何人都能有任何成就」的觀點，上述案例仍然非常棘手。我們首先必須讓哥哥理解妹妹之所以比他厲害，只是因為她練習得更多更勤，並透過練習找到了更好的發展方式。同時，我們也可以試著引導這對兄妹進入毋須分出高下的領域，藉此緩和競爭時的劍拔弩張氣氛。

學校就像是一場實驗或一張試紙，一個孩子能否妥善適應社會並面對問題，到了學校立刻一清二楚。錯誤的人生風格在家裡往往隱而不見，但到了學校就會無所遁形。

School is like an experiment or acid test, for there it becomes apparent whether or not a child is adjusted to society and its problems. A mistaken style of life often escapes unrecognized at home, but it comes out in school.

第九講 社會問題與社會適應

Social Problems and Social Adjustment

人生所有的問題，都源自於社會問題。
然而每個人的人生中都有一大片隱晦不顯的祕境，掩蓋了真正的問題成因。
必須等到進入社會後，一切問題才會漸漸浮出檯面……

9

個體心理學的目標是促進**社會**適應。此論點看似自相矛盾，但其實只是言語用詞上看來如此罷了。事實上，唯有關注個體的具體心理層面，才能理解社會因素的重要性。唯有在社會脈絡之下，個體才能成為個體。其他的心理學派會區分所謂的個體心理學與社會心理學，但對我們而言，這樣的區分是不存在的。論述至今，本書一直致力於剖析個體的人生風格，分析時定會從社會觀點出發，並以社會應用為目的。

接下來的分析將會更強調社會適應問題。我們討論的事實仍然相同，但現在不再著重於診斷人生風格，而是開始討論如何將人生風格應用於現實生活中，以及可以採取哪些適當的方法。

本講直接延續上一講針對教養教育問題所做的分析，緊接著要討論社會問題。學校與幼稚園都是社會機構的縮影，可說是現實社會的簡化版，我們能據此研究社會適應不良的問題。

以一個行為有問題的五歲男孩為例。孩子的母親來找醫生諮詢，抱怨兒子是過動兒，老是不安於室，讓人非常頭疼。母親必須時時緊盯著他，每天都身心俱疲。她表示再也受不了自家兒子，如果醫生覺得住院有效的話，她很樂於讓兒子離家接受治療。

從這位母親所敘述的細節中，我們非常能「認同」這個孩子：認同，指的是我們很輕易就能設身處地站在孩子的立場，體會他的感覺。聽到有人說一個五歲孩子過動時，我們的腦海中很快就能浮現出那孩子的行為模式。五歲的過動兒會做什麼呢？他會穿著厚重的鞋子爬上家裡的餐桌；只想玩得渾身髒兮兮的。如果做母親的想安靜看書，他就會跑去玩燈，開開關關按個不停。當父母兩人想一起彈琴或唱歌時，試想這個男孩會搞出什麼把戲！他會朝父母狂吼，或故意摀著耳朵，堅稱自己不願聽噪音。如果父母不順他的意，他就會大發雷霆。而且，不論旁人怎麼做，他永遠都不會滿足，總想「得到」某些東西。

如果我們在幼稚園看到這種行為，幾乎就能確定這個男孩很好鬥，他所做的一切都是為了挑釁。男孩整天吵吵鬧鬧，搞得父母疲憊不堪，自己卻從不覺得累。因為他和父母不一樣，不用去做自己不想做的事。更何況這孩子只想鬧個不停，讓其他人追著他跑。

有個例子可以具體說明這個男孩為了成為注目的焦點，做了什麼努力。有一天，他去參加一場音樂會，他的父母會在這場盛會上演奏獻唱。表演到一半時，這個男孩突然對台上大叫：「嗨，老爸！」並起身在音樂廳裡走來走去。我們並不意外男孩會有這種舉動，但他的父母卻無法理解孩子為何會做出這種行為。即便事實堂堂擺在眼前，這孩子的行為異於常人，他的父母卻仍認為兒子很正常。

然而某種程度上來說，這個五歲孩子的確很正常：他自有一套聰明的人生規劃（即人生風格）。若根據他的規劃來看，他的所作所為再恰當不過了。如果我們能看出他的人生規劃，就能猜到他之後會做出哪些舉動。因此，我們可以得出一個結論：他的智力沒有問題。智能不足的孩子不可能擬得出這麼聰明的人生規劃。

每當母親有朋友來訪，想好好聊一聊時，這個男孩就會把訪客從椅子上推開，自己一屁股坐下。這和他的人生目標及人生原型一致。他的目標就是要超越並主導他人，永遠霸占父母的注意。

我們現在可以斷定，他五歲之前一定被父母寵壞了；而且，只要他能再度受寵，就不會這麼胡鬧了。換言之，這是一個失去優勢地位的孩子。

那他怎麼會失去優勢地位呢？答案必定是他有了弟弟或妹妹。也就是說，這個五歲小孩面臨了全新的情境，他覺得自己的地位被剝奪了，因而努力奮戰，想討回他認為已經失去的重要核心地位。為此，他整天死纏著父母不放。根據觀察還可推論出另一個原因：這個男孩還沒準備好要面對新情境；身為被寵壞的小孩，他從未與他人之間建立起共同感（communal feeling）。換言之，他沒有適應社會的能力。他只對自己有興趣，只在乎自己的利益得失。

醫生也詢問母親有關男孩和弟弟的相處情況。母親堅稱男孩很喜歡弟弟，但只要他跟弟弟一起玩的時候就一定會推倒小的。很遺憾，我們認為這樣的行徑並非喜愛弟弟的表現。

為了徹底理解這種行為的意義，我們應該拿男孩和另一種常見的好鬥孩子做比較（以下簡稱Z類型）：Z類型的孩子太聰明了，不會像上述個案一樣爭鬥不休，因為他們知道父母最後一定會出手阻撓。Z類型知道何時該暫時收手，也知道偶爾應該做出好表現給外人看。不過，他們和上述個案有個共同點：Z類型和弟弟、妹妹玩耍時也會做出同樣的舉動——年紀大的壓制小的。事實上，他們和弟妹玩耍的目的就是要打倒他們。

現在來談談那個五歲男孩是怎麼對待母親的。如果母親打他屁股，他會故意大笑，或是堅稱一點都不痛。如果母親力道加大，他會先安靜一會兒，但隨後就會開始大吵大鬧。我們應該注意一點，他的目標制約了他的行為舉止與所作所為。換言之，他所做的一切，都是為了達成目標，因此我們得以據此推測出他的下一步行動。倘若人生原型沒有統一性，或者我們不知道人生原型朝哪個目標邁進的話，就無法預測個體的行為。

請想像一下日後他會過著什麼樣的生活。我們可以預測他上了幼稚園會發生什麼事。如果有人再帶他去聽音樂會（就像現實中那樣），我們就能預先猜想他會做出什麼舉動。大致來說，如果所處的周遭環境相對弱勢，他會直接扮演支配者的角色；反之，如果環境形勢相對強勢，他就會為了主導一切而開始爭鬥。如果幼稚園老師很嚴格，他待在學校的時間就會縮短。他很可能找盡藉口不去上學或早退，但如此一來，他就會持續處於一種緊張的狀態，以致產生頭痛、焦躁不安等症狀。而這些症狀正是精神官能症的前兆。

反之，如果所處環境輕鬆愉快，他極有可能覺得自己是關注的焦點，進而成為校園領袖、真正的第一名。

仔細觀察後可以發現，幼稚園是充滿社會問題的社會機構。幼稚園學童必須做好準備面對社會問題，因為每一個孩子都要遵循幼稚園這個社群的法則，也都必須在這個小型社群中做出有用的貢獻。一旦孩子關注自己勝過於別人，就無法成為有用之人。

公立小學也會一再出現類似的情況，可以想見像個案這樣的孩子會發生什麼事。對他來說，上私立小學可能比較輕鬆。因為私校的人數較少，學生能獲得更多關注，所以讀私校的話，或許不會有人發現他是問題兒童。私校老師甚至可能會說：「他是我們學校裡最聰明、最棒的學生。」如果他當上班長，在家裡的行為也會有所改變。只要他能成為某一方面的佼佼者，應該就會志得意滿。

如果孩子上學之後行為有所改善的話，我們理所當然會認定他在班上處於優勢地位，得到了優越感。然而，真實情況往往相反：在家裡受寵又聽話的孩子，在學校很有可能會把全班搞得天翻地覆。

我們在上一講談過，學校是家庭生活和學校生活的中繼站。從這樣的觀點出發，我們便能了解前述的五歲男孩進入社會後會有何種發展。人生不會主動提供他有利的情境（就像他有時可在學校中獲得的那樣）。家庭或學校表現優秀的孩子，出了社會卻反而變成人生失敗組，常常讓人大呼意外。我們也碰過一些患有精神官能症的「問題大人」，他們日後惡化為精神失常的機率很高。這樣的發展，可歸因於當事人的人生原型在成年之前一直被有利情境所掩蓋，導致外人無從察覺。

針對這一點，我們必須學習如何在有利情境下、辨別出有問題的人生原型，儘管難度極高，我們至少也要意識到它的存在。有些跡象可以視為人生原型已經出錯的明確指標。比方說，想吸引別人注意並缺乏社會興趣的孩子，通常都不愛乾淨；他們藉由不修邊幅來占據他人的時間心力。他們也不會乖乖上床睡覺，晚上常會哭鬧或尿床。他們懂得如何操弄焦慮，把焦慮當成一種武器，用來強迫別人順從。這些跡象都會在有利的情境出現，察覺之後，我們就比較能做出正確的結論。

現在讓我們來看看前述這個人生原型出了錯的男孩，到了十七、八歲即將成年時，會過著怎樣的人生。他過去的人生中有一大片**祕境**，這片祕境隱晦不顯，要探索並非易事，想看出他的目標與人生原型也很難。不過當他正面面對人生，就一定會碰上我們所說的人生三大問題：社會的問題、工作的問題，以及愛情與婚姻的問題。我們和周遭的人建立起關係時，絕對會遇到這些問題。社會問題涉及我們待人接物的種種行為，以及我們看待人類及人類未來的態度。社會問題涉及人類的生死存亡。人的生命有限，唯有匯聚眾人的力量，生命才得以延續。

至於工作問題，我們可以透過觀察這個男孩之前在學校的行為，作為判斷的依據。有一點能肯定的是，如果這個男孩懷著比他人優越的心態找工作，求職過程一定會遇到很大的困難。對剛出社會的年輕人來說，很難找到沒有頂頭上司，或不用團隊合作的工作。有鑑於這個男孩只在乎自己的利益，我們知道他絕對不會滿足於只當個小員工。這樣的人並不是值得信賴的工作或事業伙伴，因為他永遠都將個人利益擺在公司整體利益之前。

我們現在大概可以如此下定論：工作上的成就取決於社會適應能力的高低。能理解同事與客戶的需求，用他們的眼睛去看，用他們的耳朵去聽，用他們的感官去感受，在企業裡將會是極大的優勢。而且這麼做才能不斷進步。但我們正在研究的這個個案根本做不到，因為他追求的永遠都是他自己的利益；他只能發展出部分能力、只能有些許進步，所以在職涯上往往淪為輸家。

在大多情況之下，我們會發現這樣的人從來沒有做好就業的準備，或者總要等到年紀大了才踏入職場。他們可能三十歲才開始工作，卻還是不知道自己想做什麼。他們會學習新事物，但只有三分鐘熱度。他們也很常換工作。種種跡象都顯示，他們不管做什麼工作都無法適應。

有時我們會看到十七、八歲的年輕人雖然努力向上，卻毫無方向與目標。面對這樣的人，最重要的是去了解他們，並給予他們就業的建議。這年紀的年輕人還有機會從頭開始培養新的興趣，並接受適當的訓練。

人的生命有限，唯有匯聚眾人的力量，生命才得以延續。

For human life is so limited that we can carry on only if we put together.

發現快成年的孩子對於未來志向茫然無措時，著實令人煩惱。這類孩子多半什麼事都做不好。不管是家人或師長，都應該努力激起孩子的興趣，讓他們盡早思考未來要從事哪一行。譬如說，學校師長可以指定作文題目，如「我的志願」，讓學生書寫。在寫作時，學生們就必須正視這種問題；不然的話，他們很可能遲遲不去面對，直到為時已晚。

年輕人必須面對的最後一個問題是愛情與婚姻。人既然分成男性與女性，這個問題當然至關重要。如果人類只有一種性別的話，世界肯定會大不相同。但在現實社會中，我們都必須訓練自己如何與異性相處。下一講會詳細討論愛情與婚姻的問題，因此這裡只稍加說明此問題與社會適應問題之間的關聯。缺乏社會興趣，是導致個人在社交及工作上適應不良的原因，也會致使一個人無法和異性良性互動。完全以自我為中心的人並沒有做足準備，無法**經營親密關係**。的確，性本能（sex instinct）的主要目的之一，就是要把某人拉出獨處的小天地，讓他做好進入社會生活的準備。從心理學的角度來看，人必須在性本能全然啟動之前先找到自己的定位：我們得做好準備，不能只著眼自身，而是必須融入更廣大的社會，否則性本能將無法發揮原有的功能。

現在，我們可以針對方才那名五歲男孩的案例做出一些結論了。我們發現他在面對人生三個大哉問時，感到絕望且害怕被擊潰。我們也看到，他追求的優越感目標只考慮到自己，卻會無所不用其極地將人生所有問題都排除於外。那麼，他還剩下什麼呢？未來他將無法融入社會；他會對他人懷抱敵意、疑神疑鬼，甚至遠離人群。他對他人不再有任何興趣，也不在乎自己在人前的模樣，因此往往衣衫不整、髒亂不堪——整個人看起來就像精神失常患者。眾所周知，語言是人類社會必備的溝通途徑，但這位個案卻不想使用語言，他甚至根本不開口說話——而這也是精神分裂症[1]的特徵之一。

這位個案因為自己設下的障礙，而逃避了人生所有問題，終究被送進了療養院。他那充滿優越感的目標，致使他與外界隔絕，並扭轉了他的性驅力（sex drive，又稱性衝動）發展方向，把他變成一個不正常的人。他時而試著飛上天，時而認為自己是耶穌基督或中國皇帝，透過這種方式來表達自己充滿優越感的目標。

1編註：原文為 dementia praecox（早發失智症），早期對精神分裂症的稱呼。

正如我們一再強調的，人生所有的問題都源自於社會問題。不論是幼稚園、公立小學、友誼、政治與經濟生活……都看得到社會問題的存在。因此，每個人擁有的一切能力都必須以社會為中心點，進而導向有利於全體人類的方向。

我們都知道，人會缺乏社會興趣，皆始於人生原型，而問題的關鍵就在於如何盡早糾正。如果我們能教導為人父母者如何防範嚴重的錯誤，也能告訴他們怎麼去判斷人生原型已然出錯的微小信號、跡象及修正方法的話，將會是一大福音。但事實是，我們在這方面能做的有限。很少有父母願意了解錯誤並防患於未然。他們對於心理學與教育方面的問題興趣缺缺。大多數父母可能會寵溺孩子，或敵視不把自家孩子捧在手掌心上的人，但也可能對孩子漠不關心。因此，我們很難透過父母來拯救問題兒童。事實上，光是對他們描述孩子的問題和給予建議就曠日廢時，因此根本毋須考慮要在短時間內讓父母清楚了解整個情況，這根本是不可能的任務。所以，尋求醫師的協助會是比較好的作法。

除了讓孩子接受專科醫師和心理醫師的治療外，唯有透過學校體制與教育，才能有最好的效果。人生原型當中的錯誤，多半在孩子上學之後才會顯現。熟知各種個體心理學方法的老師，能在短時間內發現人生原型是否出錯，並看出哪個孩子能與他人融洽相處、哪個只想成為注目的焦點。老師也能觀察孩子是否具備勇氣。受過良好訓練的老師，在開學第一週便能看出學生人生原型中的問題。

從老師所具有的社會功能（social function，又稱社會作用）來說，對於如何修正孩子的錯誤，老師受過更為完善的訓練。人類之所以創辦學校，是因為家庭無法依照社會的需求適當地教導孩子。學校是家庭的延伸，孩子有一大部分的人格特質是在學校型塑完成的。孩子也能在學校學到應當勇於面對人生的問題。

校方與老師都必須具備心理學的洞見，才能善盡職責。未來，學校教育一定會更仰賴個體心理學的方針，因為學校真正的目的就是培養孩子發展健全的人格。

學校是家庭的延伸……
學校真正的目的就是培養孩子發展健全的人格。

The school is the prolonged hand of the family...
The true purpose of a school is to build character.

第十講 社會感、常識與自卑情結

Social Feeling, Common Sense and the Inferiority Complex

自卑感與社會感人皆有之。

所有人都必須學習如何透過「常識」之力，將兩者導向健全有益的發展，同時也要避免增生出無用的自卑情結與優越情結，進而看見人生真正的價值。

10

現在我們已經知道，自卑感和追求優越感會導致社會適應不良。就字面來說，自卑情結與優越情結已透露出社會適應不良可能導致的一切後果。這兩種情結都不是與生俱來的，也不存在於人體之中，而是個體和社會環境互動的結果。這兩種情結為何並非人皆有之？每個人都會有自卑感，都會努力追求成就與優越，這正是構成精神生活的要素。但並不是每一個人都有自卑情結與優越情緒，因為有些人會用一種心理機制來控制自卑感與優越感，轉而導入有益於社會的管道；而這種機制的泉源正是社會興趣、勇氣與社會意識（social-mindedness），其中社會意識又稱為常識邏輯（the logic of common sense）。

且讓我們來了解這種機制的功能。只要孩子的自卑感不太強烈，一定會努力讓自己有價值，並投入人生的有益面向。為了實現目標，這樣的孩子定會關心他人的需求與利益。社會感（social feeling）與社會適應能力是最正確、正常的補償。某種意義上來說，不管大人小孩，努力在有益面向追求優越感的人，一定能培養出社會感，社會適應良好。我們找不出有哪個人說「我什麼都不在乎」時，是百分之百真心的；人或許會在行為上表現得毫不在乎，或者擺出一副對全世界都沒有興趣的樣子，但無論如何都無法說服自己。反之，有些人會宣稱自己對別人有興趣，以掩飾自己缺乏社會適應能力。這證明了社會感人皆有之。

然而，社會適應不良的情況真實存在。我們可以透過分析邊緣個案，來探究其成因；所謂的邊緣個案（marginal case），指的是個體其實具有自卑情結，但因處於有利環境，導致自卑情結隱而未顯的例子。這股情結被隱藏了，或者說，至少我們看到了一股將其掩蓋、不致顯現的傾向。因此，如果個案的人生向來一帆風順的話，外表肯定意氣風發、順心如意。但只要貼身觀察，我們就會發現他其實表現出了自卑情結的跡象，即使說話或發表意見時看不出來，從他的態度也可窺知一二。也就是說，他其實是自卑的。這種自卑情結是因自卑感過度膨脹，而造成的反結果。受自卑情結所苦的人，總希望能減輕負擔；但他們一向以自我為中心，反而給自己強加了許多重擔。

雖然觀察有些人如何隱藏自卑情結頗有意思，但不可忽略也會有人坦承：「我飽受自卑情結的折磨。」並為自己這番誠實告白而洋洋得意；他們覺得自己比別人了不起，因為他們敢於坦承，但其他人卻不敢。他們會對自己說：「我很誠實，我沒有說謊來掩飾害我痛苦的原因。」不過，當他們自承自卑情結的同時，通常也會暗示自己遇到了哪些人生逆境、有哪些環境因素必須為他們目前的處境負責等。他們可能會談到父母與家庭，說明自己沒有受過良好教育，敘述遭逢了哪些意外，或是被限縮、壓抑等感受。

優越情結往往會蓋住自卑情結，而且前者是對後者的一種補償作用。有優越情緒的人傲慢、莽撞、自負且勢利，比較看重表象，而非實際行動。

我們也發現，這類型的人早年努力追求優越感時，都有類似怯場的問題，而這也是他們失敗時用來推諉的藉口。他們會說：「如果我不怯場的話，什麼事都做得到！」而常說「如果……就能……」來為力有未逮之事開脫的人，通常隱藏著自卑情結。

某些性格特質也暗示了自卑情結的存在，如狡猾、謹慎、愛賣弄學問、逃避重大人生問題，以及尋找被原則、規定重重限制的狹隘領域。一個人或坐或站時總愛靠著某樣東西，也是自卑情結的象徵。這種人非但不信任自己，還擁有很多怪異的習慣。比方說，他們會埋首於做一些小事，如蒐集報紙、廣告，然後再替自己找藉口，解釋自己為何要把時間浪費在這些微不足道的事情上。他們所做的訓練有太多都落在了人生的無用面向，長期下去的話就會引發強迫症。

不論孩子目前表面上出現了哪一種問題，每個問題兒童身上通常都潛藏著自卑情結。所以說，孩子懶散成性是想逃避現實生活中的重大任務，也顯示出孩子身上具有某種情結。偷竊是藉著他人覺得不安全或不在場時，占對方便宜。說謊代表沒有說實話的勇氣。這些具體行為所包含的「禍心」都是自卑情結。

精神官能症是一種已經發展完全的自卑情結。只要是罹患焦慮性精神官能症（anxiety neurosis）的患者，就能為所欲為！這類患者會死纏爛打要人陪，只要對方投降，他們就達到目的了。他們凡事依賴別人，緊緊抓著別人不放。從這類患者身上可以看出自卑情結轉化為優越情結——別人都得乖乖聽我的話！藉由使其他人臣服，他們便滿足了優越感。精神失常患者也有類似的「情結進化過程」。由於自卑情結作祟，他們會設法排除人生重大問題，但一旦被逼上梁山面對困境時，他們就會幻想自己是偉大人物，在想像世界中功成名就。

以所有發展出情結的個案來說，他們之所以無法在社交方面與有益面向一展長才，乃是缺乏勇氣之故。少了勇氣，不僅會妨礙當事人順應社會的發展走向，也會導致他們在理性上無法理解社會發展的必要性與功用。

上述情形在罪犯（自卑情結表露無遺的最佳案例）的行為中最為明顯。罪犯都是懦弱而愚蠢的人，他們的怯懦和對社會的無知，是一體的兩面。

我們也可以用類似的脈絡來分析酗酒者。酒鬼只想從問題中解脫，又非常軟弱無能，所以就算讓他們解脫的方法落在人生的無用面向，他們也欣然接受。

這些人抱持的是個人的意識型態與理性觀點，所以會與社會常識脫節；正常人則因為具備常識，而抱持著充滿勇氣的人生態度。比方說，罪犯永遠都在為自己找藉口或怪罪他人。他們覺得工作根本賺不了錢，而且社會很殘酷，完全不給他們機會。他們會哭訴犯罪只是為了填飽肚子，而生理需求是壓抑不了的。遭定罪時，罪犯也一定會想辦法替自己辯解，就像十九世紀初美國兒童謀殺犯威廉・希克曼（William E. Hickman）所說：「是上天要我這麼做的。」有名殺人犯被判有罪時則說：「被我殺掉的男孩對社會又沒什麼用處！那種男孩滿街都是。」還有一位號稱「哲學家」的傢伙宣稱殺死有錢的老女人並不是壞事，因為還有太多值得活下去的人在挨餓。

對我們來說，這些主張絕對無法成立，實際上也不見容於社會。這些人懷抱的都是無益於社會的目標，這類目標完全牽制了他們的想法與觀念；而他們之所以選擇這些目標，都是因為缺乏勇氣。因此，他們一直找藉口合理化自己的行為；如果一個人設定的目標落在人生的有益面向，根本無需多做解釋，也不用找任何理由來捍衛目標。

且讓我們來看幾個實際的臨床案例，說明社會適應良好的態度及有益於社會的目標會如何劣化成反社會。第一個案例是一個出身殷實之家、快滿十四歲的女孩。她的父親辛勤工作，有能力工作時總是盡力養家，但後來臥病在床。她的母親誠實善良，盡心照顧六名子女。長女很聰明，但十二歲就過世了。次女原本有病在身，幸而康復後開始幫忙負擔家計。三女則是我們要談的個案。這個女孩一向健康，母親因為必須同時照顧生病的丈夫和她的兩個姐姐，因此沒花太多時間在她身上。我們姑且叫她小安吧。小安還有個聰明但多病的弟弟。她認為自己被深受寵愛的二姐和弟弟「夾」在中間。她是個好孩子，但覺得自己不像姐弟那麼受寵。她抱怨自己被忽略，感到備受壓抑。

小安在校表現出色，是標準的模範生。由於學業成績優異，老師建議她繼續升學，而她未滿十四歲就跳級就讀高中，但是升上高中後碰到了一個不喜歡她的老師。老師不欣賞她，或許是因為她剛入學的表現不像過去那麼優秀，但不論如何，少了老師賞識，她的情況每況愈下。如果她像以前一樣是老師心目中的明星學生，就不會變成問題學生了。以前她的成績名列前茅，同學們都喜歡她。但個體心理學家只要檢視她的交友關係，便能看出問題所在。她總是批評朋友，老想著要左右別人。她想成為注目焦點，希望被人吹捧，卻絕對不接受批評。

小安的人生目標是獲得讚賞、受人喜愛與關注。後來，她發現她的目標只能在學校達成，在家裡辦不到。但如今就算在學校也得不到欣賞。老師討厭她，堅稱她根本沒優秀到能跳級，總給她很低的分數。最後，她選擇逃學，連續好幾天都不去上學。等到她終於又回學校上課，情況反而變得更糟，老師建議她退學。

要小安退學根本無濟於事；校方和老師提出退學的建議，等於坦承他們解決不了問題。他們既然無能為力，就應另請高明去跟她的父母談談，可能安排小安轉到他校就讀，或是讓她轉班，由較能理解她的老師來教她。但小安現在的老師卻不做如是想，反而認為：「如果孩子成績退步、逃學，就應該退學。」她的想法是基於私人道理，而非常識。但是對為人師表者而言，「常識」格外重要。

接下來的發展大致猜得出來。小安失去了人生中最後的支柱，覺得全世界都負了她。因為被退學，她在家裡連一丁點讚賞都得不到，所以她開始逃家，一消失就是好幾天。最後和一名軍人墜入了愛河。

我們很輕易便能理解小安的行為。她的目標是獲得讚賞，在上高中之前，她所做的訓練一直帶領她往有益面向發展，但如今她卻朝無益面向向下沉淪。那名軍人一開始很欣賞她、愛她，但後來小安的家人卻接到一封信，小安在信上寫著自己懷孕了，想服毒自殺。

寫信給家人一事，符合小安一貫的人格特質。她總是在尋找預期能獲得讚賞的地方，尋尋覓覓之後還是決定回家。因為她知道母親已對她徹底絕望，不會再責罵她了。她也自認為家人看到她回家一定會歡天喜地。

要處理這類個案，重點在於有能力去認同：運用同理心，易地而處去體會當事人的感受。這名個案很想獲得讚賞，並鞭策自己朝這個目標前進。我們若能認同這樣的人，就能站在他們的角度設想並自問：「我能為他們做些什麼？」此外，性別與年齡都必須一併納入考慮。因此，我們應該試著鼓勵小安，還要引領她朝著有用的面向發展。我們也應幫助她做出以下決定：「也許我應該轉學，但我絕不退縮。也許我做的訓練還不夠，也許我的觀察不正確，也許我都是用自己的想法去思考學校裡發生的事，卻沒去了解老師的想法。」如果我們能幫助這樣的人找回勇氣的話，他們就會學著在有益面向磨練自己。一個人若是缺乏勇氣又有自卑情結，足以毀掉一生。

且讓我們來看看其他跟小安處境相同的人會發生什麼事。譬如說一個與小安同年、在法律邊緣遊走的男孩。這種人所在多有。男孩若是在學校遭受挫折失去了勇氣，很可能會四處遊蕩、加入幫派，而這些行徑都不難想像。一旦失去希望與勇氣，他會開始因循苟且，偽造請假單上的簽名，不做功課，找尋逃學時的去處，最後遇到有類似經歷的同伴，一起廝混墮落。他在學校裡對一切都不感興趣，發展出更多只適用於自己的個人想法。

一個人之所以會有自卑情結，通常和一種想法有關：我沒有任何特殊才能。有這種想法的人認為人有優劣之分，有人天賦異稟，有人則否，而這也是一種自卑情結的表現。個體心理學主張：「任何人都能有任何成就。」如果有誰絕望到不再相信這條公理，覺得自己絕對無法在人生的有益面向上達成目標，就是自卑情結正在作祟。

有自卑情結的人，相信天生的人格特質會影響人生。假使以下這種信念「人的成就完全取決於先天的能力」確實成立，那心理學家將無用武之地。事實上，人會成功，憑藉的是勇氣。而心理學家的任務，就是要把絕望變成希望，讓人鼓起勇氣、聚積力量，做有用的事。

有時候，我們會看到十幾歲的孩子被退學後，感到絕望而自殺。自殺，是報復行為，亦是對社會的控訴。自殺也是這些年輕人主張自我的方法之一，只是這個念頭是出於他們的私人道理，而非常識。處理這類個案時，重點是要贏得當事人的心，讓他有勇氣走向有用之路。

我們還可以舉出許多類似的案例。譬如一名在家裡不受疼愛的十一歲女孩。她的兄弟姊妹都有人疼，只有她覺得自己沒人要，因而易怒、好鬥、桀驁不馴。這個案例很好分析：這女孩覺得沒有人欣賞自己，一開始還曾試圖努力，但之後卻不再抱持任何希望。到了某一天，她突然開始偷東西。對個體心理學家來說，針對孩子偷東西的行為，不一定要從犯罪角度去分析，其實偷竊是孩子為了「豐富心靈」而採取的舉動。因為孩子有「被剝奪感」，否則何須做出這種行為。而這名女孩偷竊的原因，就是在家裡得不到愛，以及絕望感作祟。我們注意到，覺得自己被剝奪的孩子會開始偷竊。這種被剝奪感不見得是真實的，但這種感受確實是孩子行動背後的心理因素。

再來看個八歲男孩的案例。他是私生子，其貌不揚，跟養父母同住，雖然沒得到妥善的照顧，倒也沒受到太多限制。養母給他糖果的時候，是他人生中最燦爛的時刻。如果糖果很少，這個可憐的男孩就會難過不已。養母後來改嫁給一個老頭，兩人後來生了一個女兒。老繼父把小女兒視為唯一的心肝寶貝，對她寵愛有加。這對夫妻繼續收留男孩的原因只有一個，這樣就不用另外支付他在外面生活的費用。老繼父回家時，總會帶糖果給小女兒，但男孩卻沒份。於是男孩開始偷糖果。他覺得自己被剝奪了，因此想藉著偷東西來得到心靈上的滿足。繼父為了偷竊而責罰他，他卻依然故我。或許有人會認為，男孩就算被打還是要偷，也是一種勇氣的表現，但事實並非如此。其實男孩下手時總偷偷祈禱著千萬別被抓到。

在此案例中，這個惹人厭的男孩從來沒體驗過同齡孩童該有的幸福家庭生活。我們必須幫助他，也必須給他機會，讓他知道何謂真正的一家人。當他學著認同，能易地而處了解他人的感受之後，就能理解繼父發現他偷竊時為何如此痛心，以及妹妹看到糖果都不見了之後會有多難過。這個個案也再次證明，少了社會感、少了理解與少了勇氣，都會形成自卑情結。而在此個案中，我們看到了一個惹人厭孩子的自卑情結。

人會成功，憑藉的是勇氣。而心理學家的任務，就是要把絕望變成希望，讓人鼓起勇氣、聚積力量，做有用的事。

[S]uccess is dependent on courage, and the task of the psychologist is to transform the feeling of despair into a feeling of hopefulness which rallies energies for the performance of useful work.

第十一講 愛情與婚姻

Love and Marriage

愛情與婚姻是兩個人的事。
我們的教育教過我們單打獨鬥、眾志成城，卻沒好好告訴我們何謂「兩個人的事」，以及「兩個人」要如何才能攜手經營感情與婚姻生活？

11

要做好適當準備迎接愛情和婚姻，首要之務就是成為社會的一分子，具備良好的社會適應能力。除了前幾講提過的一般性準備之外，人們從幼兒期開始就必須接受一些性本能（sex instinct）的訓練，而且必須一直持續到成年為止；這種訓練旨在協助人們在婚姻與家庭中，都能在本能上獲得正常的滿足。人們在愛情與婚姻關係中的所有能力、不足與傾向，在小時候形成的人生原型裡就找得到。透過觀察人生原型所蘊藏的特質，我們就能明確指出個體成年後將會遭逢哪些困境。

一個人在愛情與婚姻當中會碰到的問題，和一般社會問題，在本質上是一樣的，都會面臨同樣的困境和任務。因此，如果有人認為愛情和婚姻是天堂，只要談戀愛或結婚就會從此過著幸福快樂的日子，那可就錯了。在這兩種關係裡，存在著各種有待完成的任務，而且我們在努力經營愛情與婚姻的同時，心裡必須時時刻刻為另一半著想。

愛情與婚姻不只是一般的社會適應問題。在這兩種情境中，我們都要拿出高度的同理心與絕佳的能力，來認同另一半。如果說現代社會中，很少有人能在步入家庭之前做好適當準備的話，那是因為人們一直沒有學會用另一半的眼睛去看、用另一半的耳朵去聽，以及用另一半的心去感受。

前幾講的討論大多著重在問題兒童身上。這些孩子在成長過程中，只關心自己，不在乎別人。我們不該期望這類孩子的人格特質，自會隨著生理性本能逐漸成熟而有所改變。問題兒童並沒有準備好迎接社會生活，對於建立愛情與婚姻關係，同樣毫無準備。社會興趣的發展過程非常緩慢。唯有從小就開始接受這方面的訓練，並且一直在人生的有益面向努力奮鬥，才能培養出所謂的社會感。有鑑於此，要辨識一個人是否做好與異性交往的準備，難度並不高。

我們只需記住針對人生有益面向所做的觀察。處於人生有益面向的人勇敢而充滿自信。他們會正面迎戰人生的問題，持續努力找出解決方案。他們有知交好友，與街坊鄰居相處愉快。欠缺上述特質的人不值得信任，也還沒準備好要邁入愛情和婚姻。此外，假設某人有正當職業，在工作上也不斷進步，我們或許能據此得出一個結論——這個人既已立業，很有可能也準備好要成家了。判斷依據雖是從微小跡象而來，意義卻很深遠，因為可以證明一個人是否具備社會興趣。

了解社會興趣的本質之後，我們就會了解，唯有以完全的**平等**為基礎，才能圓滿解決愛情和婚姻的問題。施與受的基本原則最為重要，但伴侶是否彼此尊重，意義就不是那麼重大了。愛情本身不能解決任何問題，因為愛情有各種不同的樣貌。唯有兩人之間的關係打下了合宜的平等根基，愛情才會走上正途，婚姻才能成功。

不管男女，如果婚後想成為征服者的話，結局可能會走向毀滅。以這種心態來期待婚姻並不是該有的準備，而婚後的生活將會證明這一點。美滿的婚姻關係中並沒有征服者的立足之地，意即婚姻中是沒有征服者的。

婚姻，意味著兩人必須彼此關心，也要設身處地為另一半著想。

愛情本身不能解決任何問題，因為愛情有各種不同的樣貌。唯有兩人之間的關係打下了合宜的平等根基，愛情才會走上正途，婚姻才能成功。

Love by itself does not settle things, for there are all kinds of love. It is only when there is a proper foundation of equality that love will take the right course and make marriage a success.

現在，讓我們來談談人們該為婚姻做哪些必要的準備。就像我們之前看到的，這牽涉到社會感的訓練；而愛情與婚姻方面應具備的社會感，又和性吸引力有關。事實上，每一個人從小就有一個理想的異性典範。以男孩為例，母親很可能成為他心目中的理想女性，進而找一個和母親相近的女子成家。如果母子關係緊繃的話，兒子就會尋找和母親完全相反的另一半。母子之間的關係會影響兒子日後共結連理的妻子類型，從小細節便可看出端倪，如眼睛、體型、髮色等。

我們都知道，如果做母親的很獨斷、一味壓制兒子，等到兒子該談戀愛與結婚時，就不會放膽去追求異性，而且理想的異性往往是柔弱、服從的類型。如果做母親的養出一個好鬥的兒子，兒子婚後也會不時和妻子爭吵，想完全支配另一半。

由此可見，人小時候出現過的所有表徵，長大後面臨愛情問題時，都會被凸顯、放大。我們可以想見一個有自卑情結的人在經營兩性關係時會有哪些行為。他或許覺得軟弱又自卑，而他表現這股感受的方式，就是一直盼望能獲得他人扶持。這類人的理想女性，通常是充滿母性的女子。但有時為了補償他的自卑，他也可能在愛情裡反其道而行，變得傲慢、無禮並充滿攻擊性。這時如果他偏偏又缺乏勇氣的話，就會覺得自己能挑選的對象很少，甚至可能選擇爭強好鬥的女性當另一半，因為他認為在難打的戰爭中成為贏家，是一件更光榮的事。

不論男女，這麼做都不可能成功。利用兩性關係來滿足自卑情結或優越情結，雖然看似愚蠢又荒謬，卻時有所聞。我們再進一步深入觀察的話，會發現很多人在找對象時根本像是在挑受害者。這些人並不了解，不可以濫用兩性關係來滿足個人情結。如果一個人想在愛情關係裡成為征服者，他的另一半也會有同樣的想法，這麼一來，兩人根本無法共同生活。

「人在選擇伴侶時，為的是要滿足自己的某些情結。」從這個角度出發，將可解釋某些人特殊的擇偶行為；若非從此角度來看，將難以理解為何當事人會選擇某一種對象。據此，我們才能理解為何有些人會選擇軟弱多病的人，或是年長自己很多的人當伴侶，因為他們認為和這樣的人交往比較簡單。有些人則會專挑有夫之婦或有婦之夫談感情——這類人從來都不願意真正去解決問題。至於那些腳踏兩條船的人，就像我們先前說過的，其背後的理由是：「兩個人（的壓力）比一個人少多了。」

我們之前也討論過，有自卑情結的人會頻頻轉換職務、拒絕面對問題，而且做事虎頭蛇尾。面對愛情的問題時，這些人一樣抱持類似的行為態度。無論是和已婚人士相戀或劈腿出軌，都是為了滿足他們一貫的行事作風。而他們一切的行為都基於同樣的心態。譬如訂了婚卻遲遲不結婚、不斷談戀愛卻從不打算步入禮堂。

被寵壞的孩子在婚姻裡同樣不改本色——他們也希望配偶寵愛自己。這種心態在熱戀期或新婚燕爾時不會造成危險，但時間一久，情況就會變得複雜難解。如果是兩個被寵壞的人結了婚，我們可以想像一下會是怎麼樣的光景。兩人都想被寵，卻沒有人要扮演寵愛對方的角色。這就好比他們站在彼此面前，期待對方「給予」，但兩人都給不起。兩人都覺得對方不了解自己。

我們可以想像當人覺得遭受誤解、處處被限制時，會感到軟弱、想逃避。這種感受如果出現在婚姻中，將會特別嚴重，倘若又伴隨著極深的絕望，後果更是不堪設想：報復的心態會悄悄滋生，可能會想攪亂另一半的生活。而最常見的報復就是出軌。不忠永遠是一種報復。不忠的人會不停談論自己的愛情與情感，為自己尋找藉口，但我們都很清楚那些感受與情感的真實價值為何。人的感受永遠會和充滿優越感的目標方向一致，所以不該把感受當成行為的理由。

以下舉一位完全被寵壞的女子為例來進一步說明。她的先生覺得自己處處不如兄弟，因此我們可以理解，她的先生為何會深受女子的溫柔和甜美吸引而娶她為妻。但女子只希望得到先生的讚賞與喜愛。他們倆的婚姻本來很美滿，但妻子懷了第一個孩子之後就變了。做妻子的希望自己永遠是丈夫關注的焦點，很害怕孩子會取代她的地位。因此，她對於自己將為人母一事悶悶不樂。而丈夫也希望妻子只愛自己，很怕孩子篡位。夫妻兩人因此變得多疑。他們或許不會忽視孩子的存在，還是會當一對稱職的父母，但兩人心中總認定彼此的愛會逐漸變少。這種猜疑很危險，因為一旦一方開始推敲對方說的每句話、做的每件事，分析起另一半的一舉一動、一顰一笑，感情很容易（或很快）就淡了；而且兩人都察覺到了這一點。那時先生正好去巴黎度假，享受快意的旅程，而太太則在家坐月子，一邊還要照顧小孩。丈夫從巴黎寫了很多信向妻子報告旅行有多開心、遇到了哪些形形色色的人，讓妻子開始覺得丈夫已經忘了自己。她不再像過去那麼幸福，變得鬱鬱不樂，很快就得了空間恐懼症，再也無法獨自出門。做丈夫的返家後，必須時時刻刻陪在她身邊。表面上看來，妻子至少達成了目的，她又變成丈夫關注的焦點。然而，這並非健康的滿足感，因為妻子依然擔心如果空間恐懼症痊癒了，丈夫又會不見人影，所以她的病一直好不了。

患病期間，為妻子看診的醫生很關心她。在醫生的照料之下，她的病情好多了，因而把所有的友誼善意都投射到醫生身上。但醫生看到她的情況好轉，就轉而照料別人了。她寫了文情並茂的信給他，感謝他為她所做的一切，但醫生並未回信。自此之後，她的病又惡化了。

那時，她也開始幻想跟其他男子私通，以報復丈夫。但在空間恐懼症的「保護」之下，她無法獨自外出，先生也總是陪在她身邊，因此她無法成功出軌。

婚姻中的許多錯誤總讓人忍不住想問：「有必要這樣嗎？」我們知道，很多錯誤實際上始於童年；我們也知道，唯有辨識、尋找人生原型中的特質，才有可能改變出了錯的人生風格。因此我們開始思考成立諮商委員會的可能性，期望利用個體心理學的方法來化解婚姻中的錯誤。諮商委員的成員都是接受過專業訓練的人士，有能力連結整合個體生命中的所有事件，而且也能以同理心認同前來接受諮商的人。

這些諮商師不會對來求助的人這麼說：「你們兩人無法達成共識，不斷爭吵，所以應該離婚。」離婚有什麼用處呢？離婚之後又會怎麼樣呢？一般慣例是，人離了婚會想再婚，而下一段婚姻仍會延續過去的人生風格。我們有時會看到有些人一再地離婚、再婚，不停重蹈覆轍。這些人可能會在談戀愛或結婚之前先去請教諮商人員，檢視這段婚姻或愛情能否成功；或者是接受離婚諮商。

有些微小的錯誤源自於童年，但一直要到步入婚姻後才會顯現出嚴重的影響。有些人總悲觀地認為伴侶最後一定會讓他們失望。這些人從小就是不快樂的孩子，一直害怕失望。他們認定自己被愛的地位終會被人取代；要不然就是走不出早年經歷過的困境，使得他們近乎迷信，害怕同樣的悲劇會再度發生。我們很容易就能下定論，這股害怕失望的情緒會在婚姻生活中引發忌妒和猜忌。

對女性來說，她們會落入一種特殊的困境，覺得自己不過是男人的玩物，而且男人一定會出軌。這樣的女性結了婚肯定不會幸福。如果夫妻一方已有定見，認定對方會對自己不忠，幸福婚姻終究不可企及。

人們總想徵詢關於愛情與婚姻的建議，從這一點來看，我們可以斷定愛情與婚姻通常被視為人生中最重大的問題。但就個體心理學家的觀點，雖然人們不可低估這兩者的重要性，但也不應將其看作最重要的問題。個體心理學認為，人生並沒有哪一種問題會重要到凌駕一切。如果人們太過強調愛情與婚姻的問題，認定這兩件事最為重要，將無法享受和諧的人生。

愛情在人們心中之所以擁有如此名不符實的重要地位，或許是因為相較於人生其他問題，人們往往無法獲得愛情與婚姻方面的指導與建議。請大家回想一下我們之前討論過的人生三大問題。最重要的是牽涉到待人接物的社會問題。打從出生第一天開始，就有人教我們如何和其他人相處。每個人很小的時候就開始學習這些事。同樣的，我們在就業工作方面也常有機會接受訓練，有良師先進的指導，也有相關書籍可以參考。但有哪些書可以告訴我們如何做好準備面對愛情與婚姻？這類書籍當然很多。世界上所有文學作品都會談到「愛」，但是幸福的平凡婚姻卻很少被寫成書。文化和文學是緊密相連的，導致每個人關心的都是在陷入愛情困境的男男女女，也難怪人們對於婚姻總是小心翼翼、戒慎恐懼。

打從天地初開，愛情與婚姻便是人類實務的一部分。翻開《聖經》可看到那個一切苦難都因女人而起的故事[1]，而自此之後，男人與女人在愛情生活中總免不了要經歷重大的危機。對於愛情，我們在教育上採取的方針往往太過嚴厲。與其訓練少男少女們把愛情當成罪愆，比較明智的做法是好好訓練男孩、女孩在婚姻裡分別扮演好自己的角色，但在過程中，必須讓他們體會到兩性是平等的。

現在有許多女性都覺得自卑，這個事實尤其證明了人類文化的失敗。若有任何讀者不認同，請看看女性是如何努力奮鬥的。而你們也會發現女性的好勝心往往（比男性）更強。為了完成目的，女性所接受的養成訓練通常都會超出實際需要。女性比男性更以自我為中心，因此未來的教育必須著重於教導女性發展出更濃厚的社會興趣，不要老是不顧他人、一味地追逐自我利益。不過想做到這一點，我們首先應摒除「男性享有特權」的迷思。

且讓我們舉個例子，說明有些人為了婚姻所做的準備有多麼不足。有個年輕男子在舞會裡和一名年輕美麗的女子翩翩共舞，兩人已經訂婚，準備共結連理。忽然間，男子

1編註：作者在此提及的女人應是夏娃，她不堪蛇的誘惑吃下了禁果，並慫恿亞當一同犯罪，害得兩人被上帝逐出伊甸園。

的眼鏡掉了，而讓所有人都跌破眼鏡的是，他為了撿起眼鏡，差點推倒了未婚妻。事後有個朋友問他：「你剛剛到底怎麼回事？」他回答：「我不能讓她踩破我的眼鏡。」由此可見，這個年輕人還沒準備好走入婚姻，而女孩後來果真也沒有嫁給他。

男子後來去看醫生，說自己得了憂鬱症。很多太在乎自己的人都有這種毛病。

我們可以透過許多跡象來判斷一個人是否準備好步入禮堂。譬如說，我們不該信任談戀愛時約會遲到卻沒有正當理由的人。遲到顯示出那人的態度游移不定，而這正是還沒做好準備面對人生問題的跡象之一。

如果伴侶中有一方總想教育另一方，或是對另一半大肆批評，這同樣也是尚未做足準備的徵兆。太過敏感、對感情太投入也不好，因為這指向了自卑情結。沒有朋友或無法順利融入社會的人，當然也沒有準備好進入婚姻生活。遲遲無法選定職業的人亦然。悲觀主義者同樣代表社會適應不良，因為悲觀的人無疑就是缺乏勇氣去面對人生的種種境況。

雖然前述列出諸多我們所不樂見的例子，但想找到適合的另一半、根據適當的標準選出人生伴侶，其實也沒那麼困難。首先，我們不能抱著只願跟理想對象結婚的心態。

如果有人總是遍尋不著結婚對象，那人的心肯定依然猶疑不定，根本不想邁向人生的下一個階段。

德國有一個古老方法可以判斷情侶是否已準備好進入婚姻。德國鄉間流傳著一種習俗，給一對情侶一把雙柄鋸子，讓兩人各執一端，請他們合力鋸開一棵樹，並請所有親戚朋友圍觀。鋸樹變成一樁共同任務，有待兩人齊心完成。兩人都必須注意對方的一舉一動，並配合彼此的動作。德國人認為這是檢驗兩人是否適合成婚的好方法。

本講即將告一段落，我們要再重申一次，唯有社會適應良好的人才能化解愛情與婚姻的問題。大多數失敗案例所犯的錯誤，多半出於個體缺乏社會興趣。因此唯有個人有所改變，才能消弭這些錯誤。婚姻是需要兩人共同經營努力的任務，但我們所受的教育都告訴我們，想完成某種任務的話，不是一人獨力完成，就是多人通力合作，卻從來沒教我們「兩個人的任務」該怎麼做。不過，即便我們缺乏這方面的教育，但如果兩人都能承認自身個性中的錯誤，以平等的精神處理問題，依然可以擁有圓滿幸福的婚姻。

最好的婚姻形式是一夫一妻制，這一點基本上毋須多說。但是有很多人以偽科學為憑，主張一夫多妻或一妻多夫才符合人性。這種結論實在讓人無法接受。在人類文化中，愛情與婚姻都是一種社會任務（social task）。我們成家的理由不僅是為了個人利益，間接來說也是為了社會整體利益。總而言之，婚姻的目的是為了人類的延續。

婚姻是需要兩人共同經營努力的任務。

Marriage is a task for two persons.

第十二講 性與性的問題

Sexuality and Sex Problems

在所有動物當中，
唯一會在不餓時進食、不渴時飲水，
而且隨時都能發生性關係的動物便是「人類」。
對於「性」，
毋須避談，不必過度強調，更不應歸咎於先天遺傳。
至於性方面的種種偏差、問題，始於「人生風格」，也終於「人生風格」。

12

我們在前一講討論了愛情與婚姻一般常見的問題，現在要更具體討論這類問題的其中一個部分：「性」的問題，以及基於此問題而產生的不正常真實或幻想。我們已經知道，相較於人生其他問題而言，大多數人在愛情方面所做的準備與接受的訓練都不足，此一結論套用於性問題之上，更具說服力。針對性方面的問題，實在有太多迷思必須破除。

最常見的性迷思來自遺傳論的觀點：遺傳論者認為某種程度上，性是由遺傳決定，無法改變。我們都知道遺傳很容易被當成理由或託辭，而這類藉口都有礙個體的發展進步。有些當今科學還無法證明的觀點特別需要釐清。一般人總會過於嚴肅地看待這類觀點，卻不知道發表這些觀點的人只是以結果論，並未討論導致結果的性本能可能造成哪些性壓抑與人為的性刺激。

人類很早就有性方面的感知與反應。醫護人員或家長仔細觀察就會發現，孩子出生第一天就已經有某種性刺激和性舉動。但是，環境的力量超乎一般人的預期，更是決定一個人會不會展現出性欲或性活動的因素。因此，當孩子開始用性來表達自己時，做父母的應該想辦法分散他的注意力。但父母往往不得其法，更何況有時根本沒有適當的方法可用。

孩子如果無法在早期就了解身體真正的功能，很可能會對性舉動更好奇。我們之前已經談過，孩子對其他的身體器官也有類似的反應，性器官當然也不例外。因此，在孩子早期發展時期越早介入，便能以正確的方法訓練並導正孩子。

一般來說，童年時期出現的部分性表達（sexual expression）實屬正常，看到孩子做出這些舉動，毋須大驚小怪。畢竟，不論男女，每個人最終的目的都是為了與另一半結合。因此，面對孩子的性舉動，我們應採取謹慎靜候的策略，隨時注意孩子，避免他們的性表達朝錯誤的方向發展。

人們往往會把問題歸因於先天性的缺陷，但事實上根本是童年時期自我訓練出錯而造成的後果。有時候，所謂自我訓練的行為會被誤認為是與生俱來的特質。如果某個孩子剛好對同性的興趣高於異性，就會被當成是先天性遺傳的問題。但我們都知道，這種「缺陷」是孩子日復一日發展出來的結果。有些成人或孩子會有性反常（sex perversion）的行為，很多人一樣會把性反常歸咎於先天性遺傳因素。然而真是如此的話，為什麼這類型的人還會在性方面繼續訓練自己？為什麼他們還會做夢，在夢境中彩排自己的行動呢？

也有某些人會在某個時候停止這方面的訓練，我們可以依循個體心理學的脈絡來解釋這種現象。比方說，有些人害怕失敗並發展出自卑情結，或者訓練得太過火，反而養出了優越情結。若是後者，我們將會在這些人身上看到誇張的行為，如異於常人的性欲，而且這些人的性能力也可能較強。

對於性的追求，人特別容易受到環境刺激。照片、書籍、電影或特定性行為常會過度強調性驅力（sex drive）。在現代社會，幾乎每一件事都會讓人對性產生過度的興趣。過度強調性，的確有不當之處，但我們毋須為了強調其缺失，而貶低天生性驅力的重要性，以及它在愛情、婚姻以及繁衍生命等面向所發揮的作用。

家長在照顧子女時，最需要防範孩子對性的態度朝著誇張化的方向發展。比方說，太多母親過於關注孩子最初出現的性舉動，反而讓孩子高估了「性」的重要性。媽媽看到孩子出現類似舉動可能嚇壞了，念茲在茲都是小孩的行為，一直告誡孩子，甚至懲罰孩子。我們知道大多數孩子希望成為關注的焦點，因此常有孩子為了挨罵而持續某種習慣。比較好的做法是在孩子面前不要過度強調「性」，把性議題當成一般問題處理就好。孩子若是明白大人不會因性問題大驚小怪，大人教養孩子就會相對輕鬆許多。

有時候，孩子之所以朝某個特定方向發展，都是因為受到傳統的影響。可能是因為母親不僅充滿母愛，還會以親吻、擁抱等方式來表現她對孩子的愛。很多母親都堅稱她們忍不住就想親親、抱抱孩子，這點無可厚非，但絕對不可過度。過度的親吻撫抱並非母愛的真正表現，不但不是把孩子當作寶貝，反而是當成敵人。因為，太過寵溺孩子會讓他們無法在性方面好好發展。

由此可知，為何許多醫師與心理學家都相信，性發展是整體身心發展的基礎，也是所有生理行動的根基。但是我並不認同這樣的說法，因為性的完整形式與發展取決於人格，亦即人生風格與人生原型。

性的完整形式與發展取決於人格，亦即人生風格與人生原型。

[T]he whole form and development of sexuality is dependent upon the personality—the style of life and the prototype.

舉例來說，如果我們知道某個孩子表現出某種性舉動，而某個孩子卻會壓抑性，就可以猜到這兩人成年之後會有何種發展。如果一個孩子總想成為矚目焦點並征服別人，那他的性發展也會以征服、成為焦點為導向。

很多人相信，透過一夫多妻（一妻多夫）來表達性本能的話，就代表他們處於優越與支配的地位。因此，他們會和很多人發生性關係。我們也很容易就能看出這種人會為了心理因素，而故意強調他們的性渴望與性態度；他們認為自己終將成為征服者。想當然爾，這只是幻覺，也可解釋為是一種對自卑情結的補償。

性變態（sex abnormality）的關鍵便在於自卑情結。飽受自卑情結折磨的人，總想尋找最簡單的出路。他們因而認為，最簡單的方式便是把大部分的人生拋諸腦後，誇大自己的性生活。

我們常在孩子身上發現這種傾向；一般來說，只想占據他人心力的孩子尤其明顯。他們藉由製造問題來綁住父母師長，也因此，他們的努力追尋都落在人生的無用面向。他們長大後也會用這種性傾向來讓他人心力交瘁，並且想在這方面獲得優越感。這類孩子在成長過程中會把自己的性渴望，與想征服、追求優越感的渴望，混為一談。有時在他們排除人生機會與問題的過程中，可能會將異性完全排除在外，而走向了同性戀之路。有一點很重要，性反常者往往會過度強調性。事實上，他們誇大了自己性反常的傾向，並把這當成一種預防措施，藉以逃避正常性生活會面臨的問題。

唯有理解他們的人生風格，才能理解這些行為。這些人希望成為眾人的焦點，卻又認為自己沒有能力引起異性的興趣。因此，他們與異性相處時會出現自卑情結，而這可以追溯至童年時期。以男性為例，他們可能覺得家中母親與姐妹的行為舉止比自己更吸引人，因此認為自己絕對無法引起女性的興趣。也有可能轉而深深仰慕女性，並開始模仿女性的行為舉止。所以，有些男生看起來很像女生，而有些女生則很像男生。

有個案例是一名被控性虐待小孩的男子，此個案正好說明我們之前討論過的性癖形成過程。當我們探究他的發展歷程時，發現他的母親控制欲很強、獨斷獨行，總是批評兒子。即便如此，他在校的表現仍然傑出，是所謂的高材生。但母親對他永遠不滿意。有鑑於此，他對母親毫無親情可言、完全不在乎媽媽，反而整天和爸爸黏在一起，父子關係非常親暱。

我們也發現，這名男子的觀念就是女人都很嚴厲、吹毛求疵，和女性交往毫無歡愉可言，非不得已才會勉強為之。長久以往，他就變得完全排斥異性。這種類型的人很常見，他們一覺得害怕，在性方面就會暴躁易怒，而且這是一股伴隨焦慮而來的怒氣。他們也會不斷尋找自己不會害怕的情境。這樣的孩子長大後或許會樂於懲罰自己或自虐，也可能樂見小孩受虐，甚至會幻想自己或別人被虐待。這位個案完全符合以上所述，當他處於實際或想像的虐待過程之中，會同時出現對性的不滿與滿足。

此個案點出了訓練方向錯誤會造成哪些後果。他從來不明白自己各種不同的習慣之間有何關係，而且就算他有朝一日終於領悟，也為時已晚。誠然，要重頭開始適當地訓練一個已二、三十歲的人非常困難，比較適合的時間點是幼年時期。

然而，親子之間的心理關係會使童年時期的問題更形複雜。性方面的不當教育會如何引發親子之間的心理衝突，著實讓人好奇。好勝心強的孩子，尤其是青春期的孩子，可能會故意以性濫交來傷害父母。有很多少男少女與父母爭吵之後就會和別人發生性關係。孩子把性當成報復父母的手段，如果父母對這方面很敏感的話，傷害尤其更甚。爭強好勝的孩子幾乎都會採取這種攻擊方式以表示對父母的反抗。

想避免孩子出此下策，唯一的方法就是讓每一個孩子為自己負責。這樣一來，他們就會明白不要只在乎父母在乎的點，也應關心自己的利害所在。

除了童年環境的衝擊（其效應會反映在人生風格上）之外，一國的政經條件也會對「性」造成影響。這些條件營造出社會的風格，而社會風格的感染力極強。舉例來說，在日俄戰爭結束、俄國第一次革命失敗之後，所有俄國人民都了無希望與信心，當時便出現了一場名為薩寧主義（Saninism）的性解放運動，風靡無數成年人與青少年。我們也發現革命時期同樣出現了誇大性愛的現象，因為戰爭讓人覺得人生毫無價值可言，故而追求性歡愉來作為發洩。

有件事頗令人玩味，那就是警方居然能理解人們把性當成心理上的紓解管道。每當發生犯罪事件時，警方通常都會先去搜查風月場所，至少在歐洲是如此；他們確實也會在這些地方找到想抓的殺人犯或其他罪犯。罪犯會出現在風月場所，是因為他們犯了罪之後精神太過緊繃，需要紓解一下。他們想證明自己很有力量——自己仍是一個有能力的人，而非失落的靈魂。

有個法國人說過，人類是所有動物之中，唯一會在不餓的時候進食，不渴的時候飲水，而且隨時都能發生性關係。過度沉迷於性本能，實際上和過度沉迷其他欲望是一樣的。當一個人對某種興趣太過著迷，對某種欲望走火入魔，生活就會失調，而且最後就會罹患某種強迫症。心理學上有許多這類案例可茲證明，太過強調金錢重要性的守財奴便是一例。也有些人認為天底下最重要的事是保持乾淨，清潔是他們人生中的第一要務，他們會日以繼夜不斷清洗。還有人堅持吃飯皇帝大，整天吃個不停，只關心食物，開口閉口都是吃。

縱欲的情況幾乎完全相同。縱欲會導致人類的整體活動失衡，同時無可避免地將當事者的人生風格拖向了無用的面向。

在性本能的訓練過程中，性驅力應該以有用的目標作為指引規範，這樣人們便能遵循這個目標從事一切活動。只要選定了正確的目標，無論是性或人生其他面向，都不會被過度放大。

此外，所有的欲望和興趣都必須加以控制、調和，但完全壓抑也會引發危機。就像飲食一樣，如果一個人的飲食方式過於極端，身心都會受害。因此，我們也不贊成完全禁欲。

也就是說，在正常的人生風格當中，性自會找到適當的表現形式。這也意著者，我們無法僅藉由性解放來克服精神官能症；精神官能症是人生風格失衡造成的後果。很多人相信性壓抑是精神官能症的元凶，但這種說法並不成立。正確的說法應該是：精神官能症患者無法找到適當的性表達形式。

我們知道有人建議精神官能症患者應該更自由地表現性本能，而他們也真的從善如流，但結果只是讓病情更為惡化。上述解決方法之所以失敗，是因為這些人無法以對社會有益的目標來控制自己的性生活；而且只要能找到對社會有益的目標，就足以改善他們的病情。性本能的表達形式並不是治療精神官能症的方法。精神官能症是一種根植於人生風格的疾病，只有妥善管理人生風格才能完全治癒。

個體心理學家對於這一切都再清楚不過了。我們會毫不猶豫地提倡以美滿的婚姻來解決性的問題，因為這是唯一的圓滿解決之道。精神官能症病患並不想結婚，因為他們一向怯懦，也還沒準備好要面對社會生活。同樣的，過度重視性愛的人、倡導一夫多妻或一妻多夫制的人、主張試婚（companionate marriage, trial marriage）的人，都在逃避用社會的解決方案來處理兩性的問題。他們沒有耐性以夫妻之間的共同利益為基礎，來解決社會適應的問題，卻妄想透過速成法來逃避問題。殊不知，有時最難走的路，才是最直接的路。

有時最難走的路，才是最直接的路。

The most difficult road is sometimes the most direct.

第十三講 結語

Conclusion

阿德勒心理學的思想源流及意義，至此落下的並非句點，
而是一段人生新旅程的開始……
細細尋思，入心牢記，力去行之，自有所得。

13

現在該針對這項研究做個總結了。我們已能充滿自信地說出，個體心理學的研究方法自始至終都與「自卑感的問題」環環相扣。

正如之前討論過的，自卑感是人類努力與成就的基礎，卻也是所有心理調適不良問題的根源。人要是找不到合適而具體的優越目標，就會發展出自卑情結。自卑情結讓人避之唯恐不及，而這股想望會轉變成優越情結；優越情結只是一個落在人生無用空虛面向上的目標，導致人們因虛假的成就感而沾沾自喜。

這便是心理層面的動態機制。具體而言，心理層面的運作若出現任何差池，將會造成極大的傷害。現在大家都知道一個人四、五歲時就會發展出人生原型，而人生風格便在人生原型引導出來的傾向之中具體成形。正因如此，要引導一個人發展出健全的心理，最重要的關鍵就在於如何在孩子的童年時期提供適當的指引。

關於孩子的教育方面，我們先前也已闡明，最主要的目標應是引導孩子培養適當的社會興趣，幫助他們建立有益而健全的目標。唯有訓練孩子適應社會的能力，才能妥善控制人皆有之的自卑感，避免引發自卑情結或優越情結。

社會適應與自卑問題是一體的兩面。正因人皆自卑而脆弱，才會過著群居的社會生活。也因此，社會興趣與社會合作便成為人的救贖。

社會適應與自卑問題是一體的兩面。正因人皆自卑而脆弱，才會過著群居的社會生活。也因此，社會興趣與社會合作便成為人的救贖。

Social adjustment is the obverse face of the problem of inferiority. It is because the individual man is inferior and weak that we find human beings living in society. Social interest and social coëperation are therefore the salvation of the individual.

附錄　阿德勒生平年表

The Chronicle of Alfred Adler

回憶、略觀心理學大師的一生軌跡。

一八七〇年　出生於奧地利一個富裕的猶太家庭，在六個兄弟姊妹中排行老二。因患有佝僂病而行動不便。

一八七三年　與他同寢的弟弟過世，對他造成極大衝擊。

一八七四年　因為對音樂的愛好，四歲時對許多歌劇的內容知之甚詳。同年罹患肺炎（當時為不治之症），幸而康復後立志成為醫師。

一八七五年　開始上學。

一八九五年　畢業於維也納大學醫學院。

一八九七年　與Raissa Epstein結婚，育有四名子女，其中兩位後來亦跟隨父親腳步成為心理學家。

一八九八年　成為眼科醫師。

一八九九年　結識佛洛伊德（Sigmund Freud）。

一九〇二年　受佛洛伊德之邀，加入一個名為 Wednesday Society 的討論團體。

一九〇七年　出版《神經質性格》（*The Neurotic Character*），獲得極大迴響。

一九一〇年　擔任維也納精神分析學會（Vienna Psychoanalytic Society）主席。
該協會創辦人為佛洛伊德。

一九一一年　不認同佛洛伊德的學說，與他正式決裂。

一九一二年　創始個體心理學學會（Society for Individual Psychology）。

一九一四～一九一八年　一次世界大戰期間，曾於奧地利軍隊擔任軍醫。

一九一八年　出版《瞭解人性》（*Understanding Human Nature*）。
首次提出「社會興趣」的概念。

一九一九年　出版《個體心理學的實踐與理論》（*The Practice and Theory of Individual Psychology*）。

一九二〇年　任教於維也納教育學院，在校內設立兒童指導中心。

一九二六年　遠渡美國巡迴演講。

一九二七年　成為哥倫比亞大學的客座教授。
同年出版本書。

一九三一年　出版《自卑與超越》（*What Life Should Mean to You*），為阿德勒生涯顛峰代表作。

一九三四年　決定定居美國。

一九三五年　創辦《國際個體心理學學刊》（*International Journal of Individual Psychology*）。

一九三七年　赴蘇格蘭演講時，心臟衰竭逝世。

國家圖書館出版品預行編目（CIP）資料

阿德勒心理學講義 / 阿德勒(Alfred Adler)著 ; 吳書榆譯.
-- 初版. -- 臺北市 : 經濟新潮社出版 : 家庭傳媒城邦分公司發行, 2015.05
面 ;　公分. -- (自由學習 ; 6)

譯自 : The science of living
ISBN 978-986-6031-68-7(平裝)

1. 阿德勒(Adler, Alfred, 1870-1937)　2. 學術思想
3. 精神分析學

175.7　　104006510